RUDIMENTS

DE

LA LANGUE ARABE

DE THOMAS ERPÉNIUS

TRADUITS EN FRANÇAIS, ACCOMPAGNÉS DE NOTES

ET SUIVIS

D'UN SUPPLÉMENT

INDIQUANT LES DIFFÉRENCES ENTRE LE LANGAGE LITTÉRAL ET LE LANGAGE VULGAIRE

PAR A. E. HÉBERT

CAPITAINE DU GÉNIE

PARIS

IMPRIMERIE ROYALE

M DCCC XLIV

RUDIMENTS

DE

LA LANGUE ARABE

X

PRÉFACE.

Les Rudiments de la langue arabe d'Erpénius, dont nous offrons la traduction au public, sont une des meilleures grammaires arabes que nous possédions; simples, concis, et clairs en même temps, ils offrent, sous un petit volume, tout ce qui est important et dont l'enseignement ne doit pas être abandonné à la lecture et aux dictionnaires, ou à l'usage. Outre qu'ils sont devenus assez rares dans le commerce, ils sont écrits dans un idiome qui en interdit l'usage à beaucoup de personnes, et nous avons cru, en les mettant à la portée de tout le monde, rendre un véritable service à ceux qui se livrent à l'étude de l'arabe.

Bien que cette grammaire traite uniquement de l'arabe littéral, nous pensons néanmoins qu'elle ne sera pas sans utilité pour les personnes qui s'occupent seulement de l'arabe vulgaire; en effet, l'arabe vulgaire diffère de l'arabe littéral, non pas par le changement des règles, mais par l'inobservation d'une partie d'entre elles; il est d'ailleurs impossible de se rendre compte du mécanisme de la conjugaison arabe dans les verbes dits irréguliers, si l'on n'en possède pas parfaitement les règles grammaticales, règles exposées d'une manière très-claire par Erpénius, et au moyen desquelles ces verbes se conjuguent d'une manière tout à fait régulière. Nous ajouterons que bien souvent les Arabes, qui n'ont reçu même qu'une éducation assez légère, emploient, dans leurs lettres, des formes littérales inusitées dans la conversation, et que cela suffirait pour rendre leurs écrits inintelligibles si l'on n'avait aucune connaissance de ces formes; or cette connaissance ne peut être puisée dans les grammaires purement vulgaires. Savary, dans sa grammaire, qui n'est, en plusieurs endroits, que la traduction presque littérale de celle d'Erpénius, a voulu s'adresser principalement aux voyageurs, aux commerçants et autres personnes qui n'ont besoin de connaître que l'arabe vulgaire, et, après avoir donné une idée du langage littéral, n'a plus traité que du langage vulgaire usité en Égypte : il a surtout omis, croyant à tort simplifier par ce moyen, les règles si importantes de permutation des lettres ى و ا ; il en est résulté beaucoup d'obscurité et de difficultés dans la conjugaison des verbes irréguliers. Ce défaut est plus grand encore dans la plupart des grammaires d'arabe vulgaire publiées récemment. Quant à celle de Silvestre de Sacy, ouvrage généralement et justement estimé, qui ne traite que de l'arabe littéral, comme celle d'Erpénius, dont elle n'est, sous beaucoup de rapports, que le développement, son volume effraie beaucoup de lecteurs, et son prix paraît trop élevé à ceux qui veulent se borner à apprendre le langage vulgaire.

Nous pensons donc que cette traduction[1], que

[1] Lorsque nous fîmes cette traduction, ne la destinant pas à la publicité, nous avons visé moins à l'élégance du style qu'à l'exactitude, et nous l'avons faite aussi littérale que possible : aujourd'hui encore nous pensons que dans un ouvrage de ce genre le fond est tout et la forme très-peu de chose, et, au risque d'y laisser quelques phrases d'une construction peu correcte, nous n'avons pas voulu la retoucher, afin d'y conserver, autant qu'il est possible, la couleur de l'original, et jusqu'aux intentions que l'auteur y aurait mises et qui auraient pu nous échapper.

nous avions faite primitivement pour notre propre usage, et que beaucoup de personnes nous ont engagé à publier, sera accueillie avec faveur. Nous y avons d'ailleurs joint un court supplément indiquant les différences entre les deux langages, le littéral et le vulgaire.

HÉBERT.

Constantine, janvier 1844.

RUDIMENTS
DE
LA LANGUE ARABE.

LIVRE PREMIER.

DES ÉLÉMENTS DE LA LANGUE ARABE.

Les Arabes écrivent de droite à gauche, et les premiers éléments de leur langue sont les consonnes et les voyelles.

TABLEAU DES CONSONNES.

	VALEUR.	NOM.	FIGURE.			
1.	Esprit doux des Grecs [1].	Élif.	ـا	ا	ـا	ا
2.	B.	Ba.	ـب	ب	ـبـ	بـ
3.	T.	Ta.	ـت	ت	ـتـ	تـ
4.	TH anglais dur.	Tsa.	ـث	ث	ـثـ	ثـ
5.	DJ.	Djim.	ـج	ج	ـجـ	جـ
6.	H fortement aspiré.	Hha.	ـح	ح	ـحـ	حـ
7.	X des Espagnols.	Kha.	ـخ	خ	ـخـ	خـ

[1] C'est la prononciation très-affaiblie du ع. (Note du traducteur.)

	VALEUR.	NOM.	FIGURE.			
8.	D.	Dal.	ـد	د	ـد	د
9.	TH anglais doux.	Dzal.	ـذ	ذ	ـذ	ذ
10.	R.	Ra.	ـر	ر	ـر	ر
11.	Z.	Za.	ـز	ز	ـز	ز
12.	S.	Sin.	ـس	س	ـسـ	سـ
13.	CH français.	Chin.	ـش	ش	ـشـ	شـ
14.	S emphatique.	Ssâd.	ـص	ص	ـصـ	صـ
15.	D emphatique.	Ddad.	ـض	ض	ـضـ	ضـ
16.	T emphatique.	Tta.	ـط	ط	ـطـ	طـ
17.	ذ fort.	Ddza.	ـظ	ظ	ـظـ	ظـ
18.	ע des Hébreux.	Aïn.	ـع	ع	ـعـ	عـ
19.	R fortement grasseyé.	Graïn.	ـغ	غ	ـغـ	غـ
20.	F.	Fa.	ـف	ف	ـفـ	فـ
21.	Q.	Qaf.	ـق	ق	ـقـ	قـ
22.	K.	Kaf.	ـك	ك	ـكـ	كـ
23.	L.	Lam.	ـل	ل	ـلـ	لـ
24.	M.	Mim.	ـم	م	ـمـ	مـ
25.	N.	Noun.	ـن	ن	ـنـ	نـ
26.	W, OU.	Ouaou.	ـو	و	ـو	و
27.	H.	Ha.	ـه	ه	ـهـ	هـ
28.	Y.	Ya.	ـى	ى	ـيـ	يـ

FIGURE.

Toutes les lettres, excepté six, ا د ذ ر ز و, se lient à celle qui les suit dans le même mot, et, à la fin, sont terminées par un trait plus hardi : par suite de cette liaison et de la différence de position, elles prennent différentes formes, disposées dans le tableau précédent de telle sorte que la première colonne présente celles qui sont au commencement des mots, ou au milieu après les six lettres non susceptibles d'être liées; la seconde, celles qui sont au milieu après les lettres susceptibles de liaison; les deux autres, les finales, savoir : la troisième, sans liaison à la précédente, et la quatrième, avec liaison. L'avant-dernière forme sert aussi pour les lettres qui doivent être isolées.

ا, joint à la lettre ل, se figure d'ordinaire ainsi لا, et se nomme alors *lam-élif*[1].

ه, des lettres 2, 3, 4 et 25, se renverse souvent ainsi ﻫ, surtout avant les lettres 5, 6, 7 et م.

خ ح ج ont leur lien antérieur au-dessus de la ligne qui sert de base à l'écriture, et par cette raison élèvent les lettres qui les précèdent, comme dans les mots suivants : مخرج, الحجر, البحر, الشيخ.

ز ر se figurent souvent ainsi : ز ر

ش س allongent souvent leurs trois dents en une seule ligne courbe, de cette manière : سـ شـ

Les Maures ont l'habitude de mettre le point de la lettre ف en dessous, de la manière suivante : ڢ, et de n'en mettre qu'un sur le ق, ainsi ڧ.

Le ك s'écrit souvent ک au commencement, et ک au milieu des mots.

[1] Avec liaison à la lettre précédente, il prend la forme ﻼ

م au milieu et à la fin des mots, lié par un simple trait circulaire à la lettre précédente, est le plus souvent, pour la célérité de l'écriture, placé au-dessous de cette lettre, de la manière suivante : صم سم شم جم لم طم هم حم بم نم ; il en est de même dans les cas analogues.

ه s'écrit aussi ـهـ au milieu des mots : souvent, à la fin des mots, il est surmonté de deux points, de cette manière : ـة ة, et alors il a la valeur d'un ت et est la marque du genre féminin ou du pluriel [1].

Le trait final du ى se retourne quelquefois en arrière, de cette manière : ـے [2] comme عـے فـے علـے pour فى فى على.

Certaines lettres finales s'allongent quelquefois pour rendre l'écriture plus élégante ou les lignes égales. En effet, les Arabes n'ont pas l'habitude, à la fin des lignes, de partager les mots ; mais afin qu'il ne reste pas d'espace blanc, ou bien ils allongent la forme des finales, ou bien ils étendent les liens des lettres ainsi : نـــصـــر ; plus rarement, après avoir partagé le mot en deux parties, ils écrivent la dernière au-dessus de la ligne ou en marge.

[1] Cette manière de figurer le ت final a pour but d'indiquer qu'il est muet, et ne doit se prononcer que dans quelques circonstances.

[2] En Barbarie, l'usage est de ne jamais employer cette dernière forme quand le ى doit être quiescent, c'est-à-dire ne pas être prononcé, comme aussi de rejeter alors l'emploi des deux points que l'on place souvent sous le ى, aussi bien lorsqu'il est final que lorsqu'il est au milieu ou au commencement d'un mot.

VALEUR.

Parmi ces lettres [1],

ح خ ع غ ه	se nomment..	gutturales.
ب م ف		labiales.
ج ق ك		palatales.
ت ث د ذ ط ظ ل ن		dentales.
ر ز س ش ص ض		linguales.

On nomme aussi solaires les dentales et linguales; les autres prennent alors le nom de lunaires.

De ces lettres, celles dont la prononciation est la plus difficile sont ح et ع, dont la première est une aspiration profonde, et la seconde une sorte de raclement du gosier [2].

ق et ك ont presque le même son; mais elles se reconnaissent le plus souvent par la voyelle qui les accompagne, de même que ت et ط, س et ص. Les quatre lettres د ذ ض ظ peuvent, presque sans inconvénient, se prononcer toutes comme *d*.

[1] Il est évident que cette division des lettres n'est pas satisfaisante, et que certaines lettres y sont mal classées; mais elle a peu d'importance.

[2] La définition donnée par Erpénius du ع s'appliquerait plutôt au خ : on obtient le son du ع par une espèce de dilatation du gosier. Au surplus, la seule manière d'apprendre la prononciation des lettres, prononciation qui n'est pas la même partout, est de les entendre prononcer.

TABLEAU DES VOYELLES OU MOTIONS.

بَ	بِ	بُ
fatha.	*kesra.*	*damma.*
a ou *e.*	*i.*	*o* ou *ou.*

La position que doit occuper chacune de ces voyelles est clairement indiquée, dans le tableau précédent, par l'adjonction de la lettre qu'elle suit dans la prononciation. Le *fatha* vaut tantôt *a*, tantôt *e* ou *a* anglais (c'est-à-dire tirant sur le son de *e*); le *damma* tantôt *o* sourd, tantôt *ou;* ces deux voyelles ont toujours le premier son sur les finales des mots, et le plus souvent sur ع غ ق ح خ ص ض ط ظ, et avant les mêmes lettres privées de voyelle; dans les autres circonstances, elles ont souvent l'autre son : je dis souvent, car ici l'usage fait la loi, et c'est lui qu'on doit consulter.

Les trois lettres ا و ى, perdant leur propre valeur de consonne, servent à la production de ces voyelles, et sont alors dites quiescentes, lorsque, privées elles-mêmes de voyelles, elles les suivent immédiatement, savoir : ا *fatha*, و *damma*, et ى *kesra;* et, dans ce cas, *fatha* vaut *â* ou *a* anglais long; ex. نَار *nâr;* damma, *oû*, ex. نُور *noûr;* kesra, *î*, ex. نِير *nîr.*

Si, après *fatha*, ا quiescent n'est pas exprimé, par abréviation, on écrit le *fatha* perpendiculairement ainsi بٰ, ou l'on emploie le signe suivant ˜ .

و et ى ont aussi la valeur de ا quiescent, lorsque,

placés après *fatha*, ils n'ont eux-mêmes ni voyelle, ni ce signe ْ, comme dans رَمَى *rama*, صَلَوٰةٌ *ssalâton*.

Mais si و quiescent ou marqué de ce signe ْ, est suivi de ا privé de voyelle, cet ا est complétement muet, comme dans les mots نَصَرُوا *nassaroû*, رَمَوْا *ramaoû*.

A la fin des mots, les voyelles doublées بً بٍ بٌ prennent le nom de nunnations, et ont la valeur de *an, on, in;* mais la première (à moins que sa consonne ne soit ة ou ء) prend toujours après elle un ا sans aucune augmentation de son; ex. بًا *ban;* et ى, placé après elle, devient quiescent comme ا; exemple : هُدًى *houdan*.

AUTRES SIGNES ORTHOGRAPHIQUES.

Outre ces signes des voyelles, les lettres reçoivent encore les suivants : ء ٓ ~ ٥ ّ

HAMZA.

Le signe ء (que les Maures ont l'habitude de remplacer par un large point de couleur jaune ou verte) se nomme *hamza* et accompagne toujours ا mobile; placé sur lui avec une voyelle, il fait connaître la manière dont il est mû actuellement, exemples : أَن - أُن - إِن; de même que sans voyelle il indique que ا est radical et mobile de sa nature, exemple : يَأْمَن; par suite, son nom est souvent donné au ا mobile; bien plus, il le remplace et a la même valeur dans la prononciation, lorsque, à la fin des mots, il a devant lui quelqu'une des lettres ا و ى, ex. شَىْءٌ - سُوءٌ - مَآءٌ, pour شَيْئاً - سُوأً - مَآءً; ou lorsque, au milieu des mots, il suit, soit une autre lettre sans voyelle, ex. : يَسْـئَلُ pour يَسْأَلُ, soit un autre ا, ex. : أَأْنذَرَ pour أَانْـذَرَ. Placé sur les lettres و et ى, il indique qu'elles tiennent la place de ا mobile de sa nature, exemples : يُؤْمِنُ pour يَأْمِنُ, إِيزِرْ pour إِأْزِرْ.

OUESLA.

Le signe ٱ se nomme *ouesla* et ne s'écrit que sur ا initial, lorsque, rejetant sa voyelle, il devient tout à fait inutile, et que la consonne qui le suit doit être réunie à la dernière voyelle du mot précédent, ex. : قَلْبُ ٱلْمَلِكِ *qalbo-'lmaliki*, « le cœur du roi. » Il n'est donc autre chose que la marque de cette élision.

REMARQUE.

Est caduc ou soumis à cette élision le ا initial qui sert à former l'impératif de la 1re conjugaison : أُنْصُرْ *onssour*, « aide; » إِضْرِبْ *iddrib*, « frappe ; »

Celui qui caractérise les conjugaisons dérivées de la 2e et de la 3e classe :

إِنْصَرَفَ - إِنْصَرِفْ - إِنْصِرَافًا
إِسْتَطْعَمَ - إِسْتَطْعِمْ - إِسْتِطْعَامًا

Celui de l'article أَلْ le, la, les, et par suite celui du pronom relatif أَلَّذِى lequel, et de ses diverses formes;

Enfin, le ا initial des dix mots suivants :

إِمْرَأٌ	homme,	إِثْنَانِ	deux (masc.),
إِمْرَأَةٌ	femme,	إِثْنَتَانِ	deux (fém.),
إِبْنٌ	fils,	إِسْمٌ	nom,
إِبْنَةٌ	fille,	إِسْتٌ	fesses,
إِبْنَمٌ	fils,	أَيْمُنٌ	serment.

Dans tous ces mots (à moins qu'ils ne commencent une phrase ou qu'ils ne soient précédés de l'article), le ا initial est privé de sa voyelle, et la lettre sans voyelle qui le suit est réunie à la voyelle qui termine le mot précédent; exemple : يَدُ ٱبْنِكَ *iedo-'bnika*, « la main de ton fils ; » بِٱبْنِكَ *bi-'bnika*, « avec ton fils. »

Si le mot précédent est terminé par une consonne, on la marque d'un *kesra;* ex. ضَرَبَتِ ٱلْأُمُّ *ddarabati-'l-ommo*, « la mère a battu ; » مَنِ ٱبْنُكَ *meni-'bnoka*, « qui est ton fils? » où ضَرَبَتِ est mis pour ضَرَبَتْ, et مَنِ pour مَنْ. Mais les terminaisons verbales تُمْ et وا, ainsi que les affixes كُمْ et هُمْ, prennent le *damma;* exemples : قَتَلَهُمُ ٱلْعَدُوُّ *qatalahoumo-'làdoûwo*, « l'ennemi les tua ; » غَزَوُا ٱلْعَدُوَّ *grazawoû-'làdoûwa*, « ils attaquèrent l'ennemi ; » et مِنْ prend le *fatha;* exemple : مِنَ ٱلْمَلِكِ *mina-'l-maliki*, « du roi. »

Si c'est une nunnation qui précède, elle perd son

noun devant l'article seulement; exemple : بَيْتُ ٱلْمُقَدَّسُ *beito-'lmouqaddaso*, « la maison sanctifiée, » pour بَيْتُ : ailleurs elle le conserve, et le ا caduc, bien qu'il n'ait pas sa voyelle écrite, la prend cependant dans la prononciation; ex. مَدِينَةٌ ٱفْتُتِحَتْ *medinaton iftetahat*, « une ville a été prise. »

Si c'est une des lettres quiescentes ا و ى, elle n'empêche pas l'élision; ex. غَزَا ٱلْمَدِينَةَ *graza-'lmedinata*, « il attaqua la ville; » يَغْزُو ٱلْمَدِينَةَ *iagrzoû-'lmedinata*, « il attaquera la ville; » نَصَرُوا ٱلْمَلِكَ *nassaroû-'lmalika*, « ils aidèrent le roi; » أُنْصُرِى ٱلْأَخَا *onssouri-'lakha*, « aide le frère. » Mais l'affixe ى, mon, ma, mes, et نِى, moi, prennent le *fatha* sur ى; exemple : كِتَابِىَ ٱلْعَظِيمُ *kitâbya-'làddzîmo*, « mon grand livre; » ضَرَبَنِىَ ٱلْمُعَلِّمُ *ddarabanya'lmouàllimo*, « le maître m'a frappé. » Remarquez que tous les ا caducs sont serviles et sont marqués du *kesra*, à l'exception de l'impératif, qui a quelquefois le *damma*, de l'article, qui a le *fatha*, et d'un substantif seulement, qui est aussi marqué du *fatha*, أَيْمُنٌ.

Notez aussi cette règle :

ا caduc, suivi immédiatement d'une consonne avec motion, disparaît; exemple : مُدَّ pour أُمْدُدْ.

MADDA.

Le signe ˜ se nomme *madda* : il se met sur ا quiescent

devant *hamza* et le rend long ; exemple : سَمَآءٌ *samâon*, « ciel ; » il se met cependant aussi sur les signes arithmétiques, et sur les abréviations de mots ou lettres représentant des mots entiers.

DJEZMA[1].

Le signe ْ qui se figure aussi de cette manière ° , et qu'on nomme vulgairement (quoique improprement) *djezma*, est commun à toutes les lettres, et indique qu'elles ne sont pas accompagnées de voyelle, mais doivent être jointes à la précédente pour former une syllabe ; ex. ضَرْبٌ *ddarbon*, « action de frapper ; » il ne s'emploie guère sur ا و ى quiescents, à moins qu'ils ne soient radicaux et mobiles de leur nature ; exemples : يُوْلَدُ *ioûlado*, « il naîtra ; » يَأْمَنُ *iâmano*, « il croira. »

TECHDID.

Le signe ّ (pour lequel les Maures emploient celui-ci ʌ au-dessous de la ligne, et celui-ci v , et quelquefois le premier ʌ , au-dessus[2]) se nomme *techdid*, et se met sur toutes les lettres, excepté ا ; il les double alors, mais de telle sorte, que la première est en repos et fait partie de la syllabe précédente, et que la voyelle qui accompagne la lettre doublée n'a d'effet que sur la seconde ; exemple : نَصَّرَ *nass-ssara*, « il a fait aider ; » مُرٌّ *morron*, « amer. » Il s'emploie aussi, par euphonie, après

[1] Ou *sokoun*, c'est-à-dire signe de repos.

[2] Le premier signe s'emploie lorsque la lettre est mue par un *kesra*, le second lorsqu'elle est mue par un *fatha* ou un *damma*.

une lettre en repos qui se trouve alors remplacée dans la prononciation par la première partie de la lettre doublée; exemple : وَلَدتَّ, qui se prononce *walatta*, « tu as engendré. »

REMARQUE.

Ce *techdid* euphonique se met sur la lettre ت après د; exemples : قَصَدتُّ *qassatto*, « j'ai désiré; » sur les lettres ل و ى م ر initiales après نْ ; exemples : مِن رَّبِّهِ *mir-rabbihi*, « de son seigneur; » بَيْتٌ مُّقَدَّسٌ *beitom-moqaddason*, « maison sanctifiée; » et enfin sur les lettres solaires après l'article ال ; exemples : اَلرَّبُّ *errabbo*, « le seigneur; » اَلشَّمْسُ *echchemso*, « le soleil; » اَللّٰهُ *allaho*, « le Dieu. » Dans ce dernier cas, où la lettre solaire est un ل, on supprime souvent celui de l'article; exemple : اَلَيْلُ pour اَللَّيْلُ, « la nuit; » on le supprime toujours dans اَلَّذِى اَلَّتِى اَلَّذِين, et lorsque l'article est précédé du ل, marqué du datif; exemple : لِلَّيْلِ « à la nuit, » où l'on voit que le ا caduc de l'article a également disparu.

DE LA PONCTUATION.

Les Arabes n'ont pas de ponctuation proprement dite; quelquefois cependant ils font usage, pour séparer les phrases, des signes suivants : ۞ ✱ ، ٠, ou autres, au gré de l'écrivain [1].

[1] L'emploi de ces signes a généralement lieu dans la poésie pour séparer, non les phrases, mais les hémistiches et les vers.

APPENDICE

DU LIVRE PREMIER,

OU

RÈGLES DE PERMUTATION DES LETTRES ا و ى.

RÈGLES GÉNÉRALES.

1. Les lettres ا و ى se changent fréquemment l'une dans l'autre; mais au commencement des mots, ou bien à la fin et au milieu après *djezma*, elles sont invariables.

2. Les lettres ا و ى, privées de voyelles, après des voyelles de nature différente, se changent dans leur analogue; exemple :

نوى		ناى	مِيعَاد		مِوعَاد
بِيس	pour	بار	دَار	pour	دَير
نَار		نور	مُوقِن		مُيقِن

EXCEPTION.

و et ى restent souvent après *fatha*, et forment alors diphthongue avec lui en prenant un *djezma*, ou, sans *djezma*, deviennent quiescents avec la valeur de ا; ex.

يَوم	*iaumon.*	رَمَيَهُ	*ramahou.*
لَيل	*leilon.*	غَزَوَة	*grazaton.*

3. Les lettres ا و ى quiescentes, suivies de *djezma*, disparaissent; exemples :

يَخَفْ	pour	يَخَافْ[1]	يَقُمْ	pour	يَقُومْ
يَسِرْ	pour	يَسِيرْ			

REMARQUE.

ا caduc ne devient jamais quiescent, et n'est pas soumis à cette règle, ex. فَٱنْصُرْ.

RÈGLES PARTICULIÈRES DE ء.

1. ء au milieu d'un mot, mobile par *damma*, se change en و ; mobile par *kesra*, en ى ; ex.

أُوبٌ	pour	أَأْبٌ	سُئِلَ	pour	سُأِلَ

même après un ا quiescent; ex.

قَائِلٌ	pour	قَاءِلٌ	مَآوُهُ	pour	مَآءُهُ

2. ء au milieu d'un mot, mobile par *fatha* et suivant *damma*, se change en و, suivant *kesra*, en ى; ex.

دُوَبٌ	pour	دُأَبٌ	فِيَةٌ	pour	فِأَةٌ

3. ء final se change, après *damma*, en و ; après *kesra*, en ى ; exemples :

دَنُو	pour	دَنُؤ	خَاطِئٌ	pour	خَاطِأٌ

[1] ا reste cependant souvent, lorsqu'il est suivi d'une lettre marquée de *techdid*, ex. مَادٌّ, جَارَّةٌ.

4. ا final après *fatha*, mobile par *damma*, se change en و; mobile par *kesra*, en ى; ex.

تَفْتَوُ pour تَفْتَأُ | سَنِي pour سَنَإٍ

5. ا quiescent, après ا marqué de *fatha*, disparaît et est remplacé par le *fatha* écrit perpendiculairement ou par un *madda;* ex.

أَمَنَ ou آمَنَ pour أَأْمَنَ

6. ا quiescent, suivi d'un autre ا quiescent, se change en و; ex.

نَوَاصِرُ pour نَاَاصِرُ[1]

REMARQUE 1.

و et ى, provenant de ا mobile, sont toujours surmontés de *hamza*, et ى est souvent alors privé de ses deux points : or on appelle ا mobile celui qui, bien qu'actuellement privé de voyelle, est radical et susceptible d'en avoir une; ex. بِئْرٌ.

REMARQUE 2.

Les particules inséparables ا ب ن ك ل و ne sont pas

[1] L'analogie (voir l'article des pluriels irréguliers) montre que نَوَاصِرُ est mis pour نَاَاصِرُ : il faudrait donc dire que ا, mû par *fatha*, mais primitivement servile et quiescent, comme il l'est dans نَاصِرٌ, singulier de نَوَاصِرُ, et suivi de ا quiescent, se change en و. Ce même changement se fait quelquefois, mais est considéré comme faute, pour des ا radicaux, ex. وَاسَى pour أَاسَى, et cela justifie ma manière de voir.

censées placer ا au milieu d'un mot, ex. كَأَنَّ - لِأَبٍ, si ce n'est dans quelques autres particules; ex. لِئَلَّا - أَيْنَ.

RÈGLES PARTICULIÈRES DE و.

1. و au milieu d'un mot, mobile par *fatha* après *kesra*, se change quelquefois en ى; ex.

ثِيَابٌ pour ثِوَابٌ

2. و au milieu d'un mot, ayant après lui un autre و quiescent, le chasse souvent; ex.

طَاوُسٌ pour طَاوُوسٌ | رُؤُسٌ pour رُؤُوسٌ

3. و final, après *fatha*, ne peut recevoir de voyelle; mais, reportant sur le *fatha* précédent sa nunnation, s'il y en a une, il devient quiescent, et se change en ا, s'il est la troisième lettre du mot, ou en ى, s'il en est la quatrième ou au delà; exemples :

غَزَا / عَصًا pour غَزَوَ / عَصَوٌ | يُغْزَى / مُعْطًى pour يُغْزَوُ / مُعْطَوٌ

4. و final, après *damma*, ne peut recevoir ni *damma* ni *kesra*, mais devient quiescent; ex.

رَدُوْ pour رَدُوُ et رَدُوِ

s'il y a une nunnation, elle est reportée sur le *damma* précédent, et و disparaît; ex.

أَدْلٍ pour أَدْلُوٌ et أَدْلُوٍ

5. و final, après *kesra*, se change en ى; exemples :

رَضِيَ pour رَضِوَ

6. و servile à la fin d'un mot, appelle après lui un ا muet; ex.

نَصَرُوا pour نَصَرُو | رَمَوْا pour رَمَوْ

RÈGLES PARTICULIÈRES DE ى.

1. ى au milieu d'un mot, mobile par *fatha* après *damma*, se change quelquefois en و; ex.

رُمُوَانٌ pour رُمُيَانٌ

2. ى au milieu d'un mot, ayant après lui un autre ى quiescent, le chasse souvent; ex.

رَيِّسٌ pour رَيْيِسٌ

3. ى final, après *fatha*, ne peut recevoir de voyelle; mais, reportant sur le *fatha* précédent sa nunnation, s'il y en a une, il devient quiescent avec la valeur de ا; exemples :

أُولَى } pour { أُولَيَ - أُولَيُ - أُولَيِ
فَتًى } pour { فَتَيًا - فَتَيٌ - فَتَيٍ

Si un autre ى précède, le dernier se change en ا; ex.

هَدَايَا pour هَدَايِي

excepté يَحْيَى et رَيَّى.

4. ى final, après *kesra*, ne peut prendre ni *damma* ni *kesra*, mais reste quiescent; ex.

حَافِي pour حَافِيُ et حَافِيِ

S'il y a une nunnation, elle se reporte sur le *kesra*, et ى disparaît; exemples :

رَامٍ pour رَامِيٌ et رَامِيٍ

5. ى final, après *damma*, le change en *kesra* : lui-même ne change pas; ex.

تَمَنٍّ pour تَمَنُّيٌ | أَيْدٍ pour أَيْدُيٌ

même malgré l'interposition d'un و, lequel se change en ى; exemples :

مَرْمِيٌّ pour مَرْمُوْيٌ

REGLES DE و ET ى.

1. و et ى mobiles, devant و et ى quiescents, disparaissent : leur voyelle disparaît également si la précédente est un *fatha* (avec lequel le و ou le ى quiescents forment alors diphthongue), ou elle remplace cette dernière si elle est *damma* ou *kesra*; ex.

رَمَوْا / تَغْزِيْنَ / أُغْزِي pour رَمَيُوا / تَغْزُوِيْنَ / أُغْزُوِي | غَازُونَ / يَرْمُونَ pour غَازِوُونَ / يَرْمِيُونَ

2. و et ى mobiles, devant une lettre mobile et après *fatha*, se changent souvent en ا quiescent; exemple :

قَامَ pour قَوَمَ | سَارَ pour سَيَرَ

3. Lorsque و et ى se rencontrent de telle manière que le premier n'ait pas de voyelle, و se change en ى,

et les deux ى se réunissent par le moyen du *techdid;* exemple :

أَيَّامٌ pour أَيْوَامٌ

4. و et ى finals, après ا servile, se changent en *hamza;* exemple :

رِدَاءٌ pour رِدَايٌ | سَمَاءٌ pour سَمَاوٌ

OBSERVATION 1.

Lorsque dans les règles précédentes on dit que les lettres ا و ى suivent une voyelle, on entend qu'elles la suivent immédiatement, c'est-à-dire sans l'interposition d'un *djezma* ou d'une lettre quiescente, soit écrite, soit masquée par un *techdid*, comme cela a lieu dans :

سُطُوٌّ	سُطْوٌ	عَدُوٌّ	عَدُوٌ
إِتِّيٌ	إِتْيٌ	تَحْوِيلٌ	
رَكِيٌّ	رَكِيٌّ	مَرْمِيُّونَ	

OBSERVATION 2.

ا est censé au milieu d'un mot quand il est suivi des affixes, mais non و et ى; exemples :

مَآءٌ	—	مَآوُهُ	et non	مَآءُهُ
مَآءٌ	—	مَآيِهِ		مَآءِهِ
رَمَى	—	رَمَيَهُ		رَمَيَهُ
غَزَا	—	غَزَاهُ		غَزَوَهُ

LIVRE SECOND.

DU VERBE.

CHAPITRE PREMIER.

DU VERBE EN GÉNÉRAL.

L'expression primitive du verbe, celle qui sert de base à toute la conjugaison, en est la racine : par suite, on appelle radicales les lettres qui la composent, et serviles celles qu'on ajoute pour la formation des dérivés, des temps, des personnes, des nombres, des genres et des substantifs, et qui sont : ا ت س م ن و ى, et les quatre suivantes ب ن ك ل, qui servent de conjonctions.

Chez les Arabes, la racine est la troisième personne singulière masculine du prétérit; elle ne peut avoir moins de trois lettres, comme نَصَرَ, «il a aidé;» مَدَّ, «il a étendu;» ni plus de quatre, comme قَمْطَرَ, «il a violé;» غَرْغَرَ, «il a râlé [1].»

Six choses sont à considérer dans le verbe : 1° la qualité, 2° la conjugaison, 3° le temps, 4° le nombre, 5° la personne, 6° le genre.

[1] Si quelques verbes paraissent s'écarter de cette règle, ce sont des formes dérivées dont il sera question plus loin, formes provenant d'une racine trilittérale ou quadrilittérale inusitée; ainsi إِثْرَنْبَجَ serait la troisième conjugaison de la racine inusitée ثَرْبَجَ.

1. Un verbe peut être sain ou parfait, c'est-à-dire se conjuguer d'une manière régulière : tels sont tous ceux dans la racine desquels n'entrent pas ى و ا, et qui n'ont pas leur seconde radicale semblable à la troisième; ou bien être débile ou imparfait, c'est-à-dire, s'écarter des règles : tels sont presque tous les autres.

2. Les verbes de trois lettres à la racine, ou trilittères, forment treize conjugaisons. La première est simple; c'est celle du verbe primitif lui-même, comme:

نَصَرَ 1.

Les autres sont affectées de certaines lettres caractéristiques, et divisées en trois classes dont la première ajoute une lettre à la racine, la seconde deux, et la troisième trois, de la manière suivante :

إِسْتَنْصَرَ 10.	تَنَصَّرَ 5.	نَصَّرَ 2.
إِنْصَارَّ 11.	تَنَاصَرَ 6.	نَاصَرَ 3.
إِنْصَوْصَرَ 12.	إِنَّصَرَ 7.	أَنْصَرَ 4.
إِنْصَوَّرَ 13.	إِنْتَصَرَ 8.	
	إِنْصَرَّ 9.	

où toutes les lettres ajoutées à نَصَرَ sont les caractéristiques.

Dans la septième conjugaison, le premier des deux ن réunis par un *techdid* est caractéristique; il s'écrit séparément lorsque la première radicale n'est pas elle-même un ن, comme dans le tableau précédent.

Dans la huitième conjugaison, lorsque la première radicale est...

- ص ض ط ظ, le ت caractéristique se remplace par ط ; ex. إِضْطَرَبَ
- د ذ ز, le ت caractéristique se remplace par د ; ex. إِزْدَلَقَ
- ت, elle se réunit, à l'aide du *techdid*, au ت caractéristique ; ex. إِتَّبَعَ.
- ث ou ا و ى, elle se change par euphonie en ت, qu'on réunit au ت caractéristique, de la même manière qu'un ت radical ; ex. إِتَّبَتَ pour إِتْتَبَتَ, إِتَّجَرَ pour إِوْتَجَرَ.

Les verbes ont, à la première conjugaison, leur signification simple et primitive, et cette signification est active ou transitive, comme ضَرَبَ, « il a frappé, » ou bien neutre ou intransitive, comme حَزِنَ, « il a été triste ; » dans les autres conjugaisons, cette signification est modifiée de diverses manières, bien qu'ils puissent encore y conserver leur signification primitive, surtout ceux qui ne sont pas usités à la première conjugaison.

La deuxième et la quatrième conjugaison donnent aux verbes intransitifs la signification transitive, ou expriment l'action de faire faire.

La troisième exprime une action sur la personne ou la chose dont le sujet reçoit une action semblable.

La sixième désigne la coopération, comme les verbes latins composés de *con*.

La cinquième, la septième et la huitième forment des passifs ou des verbes réfléchis.

La neuvième et la onzième sont destinées à peindre les couleurs ou les difformités.

La dixième exprime le désir de faire.

Les deux dernières sont très-rares; elles conservent la signification primitive, ou lui ajoutent une certaine intensité.

Il arrive cependant fréquemment que les conjugaisons dérivées sont employées dans un autre sens; c'est ce qu'on doit apprendre par l'usage et dans les dictionnaires, comme aussi dans quelles conjugaisons chaque verbe est usité : en effet, toute racine ne prend pas toutes les formes; beaucoup n'en ont qu'une seule, d'autres plusieurs; aucune ne les a toutes.

Les verbes quadrilittères n'ont que quatre conjugaisons dont la première répond à la première conjugaison des verbes trilittères, la seconde à la cinquième, la troisième à la septième, et enfin la quatrième à la neuvième. Ces verbes quadrilittères sont d'un emploi très-rare.

1.	قَمْطَرَ	3.	إِقْمَنْطَرَ
2.	تَقَمْطَرَ	4.	إِقْمَطَرَّ

Chaque conjugaison a les deux formes, active et passive, comme dans les autres langues; mais les verbes intransitifs, de quelque conjugaison qu'ils soient, n'admettent point, en raison de leur nature, la forme passive.

3. Il y a dans chaque conjugaison cinq parties nommées temps ou modes; ce sont : 1° le prétérit, 2° le futur, 3° l'impératif, 4° le participe, 5° l'infinitif[1], que l'on doit

[1] Ainsi qu'Erpénius le dit lui-même plus loin, ce qu'il appelle infi-

considérer sous le triple rapport de leur signification, des lettres serviles et des voyelles ajoutées aux radicales.

Sous le rapport de la signification, 1° le prétérit s'emploie pour le parfait, et quelquefois pour l'imparfait et le plus-que-parfait de l'indicatif; 2° le futur s'emploie pour le présent ou le futur de l'indicatif. Sa signification est restreinte à celle du futur lorsqu'il est précédé de سَوْفَ ou de la préfixe سَ. Il a la valeur du prétérit quand il est précédé de لَمْ, ne pas, ou لَمَّا, pas encore. Chacun de ces deux temps sert aussi à exprimer le présent, le prétérit et le futur de l'optatif et du subjonctif, en raison des particules qu'on leur prépose. 3° L'impératif répond au nôtre, mais ne se prend que d'une manière affirmative. L'impératif négatif se rend par le futur précédé de لَا. 4° Le participe répond au nôtre; mais, comme il joue aussi le rôle de substantif, on le remplace souvent par le futur suivant immédiatement le prétérit, sans l'interposition d'aucune particule copulative; ex. جَاؤُوا يَبْكُونَ, « ils sont venus, ils pleurent, » c'est-à-dire, « ils sont venus pleurant. » 5° L'infinitif répond plutôt à notre substantif verbal qu'à ce que nous appelons infinitif; il s'ajoute souvent au verbe en sens confirmatif. (V. la note A à la fin de la grammaire.)

Les lettres serviles et les voyelles des lettres radicales se verront dans le tableau de la conjugaison.

nitif n'en est pas un dans le sens que nous attachons à ce mot. C'est le substantif verbal ou nom d'action employé adverbialement, ce qui se fait en le mettant à l'accusatif.

4. Il y a trois nombres dans le temps (l'infinitif excepté) : le singulier, le duel et le pluriel [1].

5. Il y a dans le nombre trois personnes, dont la troisième précède la seconde, laquelle précède la première. Cette dernière n'existe pas au duel.

6. La personne a deux genres, le masculin et le féminin, qui chacun ont leur terminaison particulière; mais, au singulier et au pluriel, la première personne, et, au duel, la seconde, n'ont qu'une terminaison commune pour les deux genres.

CHAPITRE II.

DE LA PREMIÈRE CONJUGAISON.

Voici le tableau de la première conjugaison du verbe trilittère régulier :

PRÉTÉRIT.

SINGULIER.

1re Personne.	2e.	3e.
نَصَرْتُ *com.*	نَصَرْتَ *masc.*	نَصَرَ *masc.*
J'ai aidé.	Tu as aidé.	Il a aidé.
	نَصَرْتِ *fém.*	نَصَرَتْ *fém.*
	Tu as aidé.	Elle a aidé.

[1] Le singulier s'applique à un seul individu, le duel à deux, et le pluriel à un plus grand nombre.

DUEL.

	نَصَرْتُمَا *com.*	نَصَرَا *masc.*
	Vous deux avez aidé.	Eux deux ont aidé.
		نَصَرَتَا *fém.*
		Elles deux ont aidé.

PLURIEL.

نَصَرْنَا *com.*	نَصَرْتُمْ *masc.*	نَصَرُوا *masc.*
Nous avons aidé.	Vous avez aidé.	Ils ont aidé.
	نَصَرْتُنَّ *fém.*	نَصَرْنَ *fém.*
	Vous avez aidé.	Elles ont aidé.

FUTUR.

SINGULIER.

1re Personne.	2e.	3e.
أَنْصُرُ *com.*	تَنْصُرُ *masc.*	يَنْصُرُ *masc.*
J'aiderai.	Tu aideras.	Il aidera.
	تَنْصُرِينَ *fém.*	تَنْصُرُ *fém.*
	Tu aideras.	Elle aidera.

DUEL.

	تَنْصُرَانِ *com.*	يَنْصُرَانِ *masc.*
	Vous deux aiderez.	Eux deux aideront.
		تَنْصُرَانِ *fém.*
		Elles deux aideront.

PLURIEL.

نَنْصُرُ *com.*	تَنْصُرُونَ *masc.*	يَنْصُرُونَ *masc.*
Nous aiderons.	Vous aiderez.	Ils aideront.
	تَنْصُرْنَ *fém.*	يَنْصُرْنَ *fém.*
	Vous aiderez.	Elles aideront.

IMPÉRATIF.

PLURIEL.	DUEL.	SINGULIER.
2ᵉ Personne.	2ᵉ.	2ᵉ.
أُنْصُرُوا *masc.*	أُنْصُرَا *com.*	أُنْصُرْ *masc.*
Aidez.	Aidez vous deux.	Aide.
أُنْصُرْنَ *fém.*		أُنْصُرِى *fém.*
Aidez.		Aide.

PARTICIPE.

PLURIEL.	DUEL.	SINGULIER.
نَاصِرُونَ *masc.*	نَاصِرَانِ *masc.*	نَاصِرٌ *masc.*
نَاصِرَاتٌ *fém.*	نَاصِرَتَانِ *fém.*	نَاصِرَةٌ *fém.*

Aidant.

INFINITIF.

نَصْرًا

En aidant.

DU PRÉTÉRIT.

La deuxième radicale est quelquefois marquée de *kesra*, exemple : عَلِمَ, « il a su ; » quelquefois de *damma*, mais seulement dans les verbes intransitifs, exemple : حَسُنَ, « il a été bon ; » et cette variété s'observe souvent dans un seul et même verbe.

DU FUTUR.

Le futur se forme par l'addition des lettres ا ت ن ى au commencement, et ا ن و ى à la fin.

La voyelle de la deuxième radicale varie en raison de celle du prétérit.

Si elle est *damma* au prétérit, elle est la même au futur, ex. حَسُنَ, « il a été bon, » يَحْسُنُ.

Si elle est *kesra*, elle se change en *fatha*, ex. عَلِمَ, « il a su, » يَعْلَمُ[1].

Si elle est *fatha*, elle se change, soit en *damma*, comme dans كَتَبَ, « il a écrit, » يَكْتُبُ ; soit en *kesra*, comme dans ضَرَبَ, « il a battu, » يَضْرِبُ ; à moins que la deuxième ou la troisième radicale ne soit gutturale, car alors elle reste le plus souvent, ex. شَغَلَ, « il a occupé, » يَشْغَلُ ; مَنَحَ, « il a donné, » يَمْنَحُ.

La terminaison du futur varie par apocope, antithèse et paragoge.

L'apocope fait disparaître le *damma* final et le ن servile de la fin, excepté celui du pluriel féminin, de sorte que le futur a la forme suivante :

أَنْصُرْ	تَنْصُرْ	يَنْصُرْ	sing.
	تَنْصُرِي	تَنْصُرْ	
	تَنْصُرَا	يَنْصُرَا	duel.
		تَنْصُرَا	

[1] Quelquefois aussi le *kesra* reste au futur, exemples : حَسِبَ, « il a compté, » يَحْسِبُ ; رَضِعَ, « il a teté, » يَرْضِعُ ; on dit aussi يَحْسَبُ, يَرْضَعُ, mais d'autres verbes n'admettent que le *kesra*, ex. : وَرِمَ, « il a été enflé, » يَرِمُ pour يَوْرِمُ.

plur.	يَنْصُرُوا يَنْصُرْنَ	تَنْصُرُوا تَنْصُرْنَ	نَنْصُرْ

Le ن du pluriel masculin ayant disparu, on ajoute un ا muet, suivant la sixième règle de و.

L'apocope est produite par l'influence de certaines particules préposées au futur, savoir :

لَمْ ne pas.	لَا ne impératif.
لَمَّا pas encore[1].	لِ impératif.

et aussi par celle des particules suivantes, mais avec cette condition qu'il se trouve ensuite dans le même membre de phrase un autre verbe conséquence du premier, comme dans ces phrases : « Si tu étudies, je t'aimerai; tout ce que tu feras, je le ferai. »

إِنْ	si.	حَيْثُمَا أَيْنَ أَنَّى	partout où.
مَنْ أَيٌّ	quiconque.		
مَا	tout ce que.	مَتَى أَيَّانَ إِذْمَا (poésie) إِذَا	en quelque temps que.
كَيْفَ كَيْفَمَا	de quelque manière que.		
مَهْمَا	toutes les fois que.		

Dans ce cas, si les deux verbes sont au futur, l'apo-

[1] Ce mot signifie aussi *lorsque*.

cope a lieu sur les deux ; si le premier seul est au futur, elle a lieu sur lui ; si c'est le second seulement, elle est facultative ; ex. مَا تَصْنَعْ أَصْنَعْ, « tout ce que tu fais, je le ferai ; » مَا تَصْنَعْ صَنَعْتُ, « tout ce que tu feras, je l'ai fait ; » مَا صَنَعْتَ أَصْنَعْ ou أَصْنَعُ, « tout ce que tu as fait, je le fais. »

Ainsi, après l'impératif, le futur prend aussi l'apocope à cause du إِنْ latent dans le sens conditionnel de la phrase ; ex. أُنْصُرْنِي أَنْصُرْكَ « aide-moi, je t'aiderai ; » c'est-à-dire, si tu m'aides, je t'aiderai.

L'antithèse change le *damma* final du futur en *fatha* et fait disparaître le ن servile comme l'apocope ; de sorte qu'il prend la forme suivante :

sing.	يَنْصُرَ	تَنْصُرَ	أَنْصُرَ
	تَنْصُرَ	تَنْصُرِي	
duel.	يَنْصُرَا	تَنْصُرَا	
	تَنْصُرَا		
plur.	يَنْصُرُوا	تَنْصُرُوا	نَنْصُرَ
	يَنْصُرْنَ	تَنْصُرْنَ	

Elle est aussi produite par l'influence de particules, qui sont :

لَنْ	nullement.	أَلَّا	afin que (avec une négation), de peur que.
لِ	afin que.	لِئَلَّا	
أَنْ		كَيْلَا	

كَيْ لِأَنْ لِكَيْ	afin que.	لِكَيْلَا	de peur que.
		حَتَّى أَوْ	jusqu'à ce que.

ainsi que ف, lorsqu'il précède un futur subordonné à un premier membre de phrase exprimant un ordre, une demande, un désir, une interrogation ou une négation, et, dans ce cas, il indique un rapport de cause à effet, plutôt qu'il n'est conjonction copulative, ex. أُنْصُرْنِي فَأَنْصُرَكَ, « aide-moi, et je t'aiderai; » لَا تَضْرِبْ زَيْدًا فَيَغْضَبَ, « ne frappe pas Zéide, de peur qu'il ne se mette en colère; » أَيْنَ بَيْتُكَ فَأَزُورَكَ, « où est ta maison, et j'irai te voir. »

Elle est également produite par و, lorsqu'il signifie « et en même temps, » et précède un futur subordonné de la même manière à un premier membre de phrase; ex. لَا تَأْكُلِ ٱلسَّمَكَ وَتَشْرَبَ ٱللَّبَنَ, « tu ne mangeras pas de poisson, et tu ne boiras pas de lait (en même temps); » et quelquefois aussi إِذَنْ ou إِذًا, « bien, allons, courage. »

La paragoge ajoute au futur un ن marqué de *techdid* avec *fatha*, de la manière suivante :

أَنْصُرَنَّ	تَنْصُرَنَّ تَنْصُرِنَّ	يَنْصُرَنَّ تَنْصُرَنَّ	sing.
	تَنْصُرَانِّ	يَنْصُرَانِّ تَنْصُرَانِّ	duel.

نَنْصُرَنَّ	تَنْصُرُنَّ	يَنْصُرُنَّ	plur.
	تَنْصُرْنَانِّ	يَنْصُرْنَانِّ	

ou bien un ن marqué de *djezma*, mais au singulier seulement et au pluriel masculin et commun, de cette manière :

أَنْصُرَنْ	تَنْصُرَنْ	يَنْصُرَنْ	sing.
	تَنْصُرِنْ	تَنْصُرَنْ	
نَنْصُرَنْ	تَنْصُرُنْ	يَنْصُرُنْ	plur.
	......	......	

Ce ن paragogique se nomme ou grave ou léger.

Vous voyez que, devant le ن, le *damma* de la troisième radicale se change en *fatha;* que و et ى serviles de la fin disparaissent, et qu'au pluriel féminin on intercale un ا, pour que trois ن ne se suivent pas.

La paragoge s'emploie presque uniquement lorsqu'on demande une chose en quelque sorte à venir, comme cela a lieu dans les ordres, les interrogations, ou en exprimant un désir; elle s'emploie aussi après un jurement.

DE L'IMPÉRATIF.

L'impératif se forme par l'addition, au commencement de la racine, d'un ا caduc mû par *kesra;* ex. إِعْلَمْ, « sache; » إِضْرِبْ, « frappe; » à moins que la voyelle de l'avant-dernière radicale, voyelle qui est toujours la même qu'au futur, ne soit *damma*, auquel cas le ا

prend aussi *damma;* ex. أُنْصُرْ, « aide. » Cet ا disparaît souvent après و et ف. Les lettres ا ن و ى servent ici à la formation des nombres et des genres comme dans le futur, et la paragoge y a également lieu.

L'impératif n'est caractérisé qu'à la seconde personne; les autres se rendent par le futur avec apocope précédé de ل mû par *kesra ;* ex. لِيَنْصُرْ, « qu'il aide; » لِنَنْصُرْ, « aidons. » La même chose a aussi lieu quelquefois pour la seconde personne; ex. لِتَنْصُرْ, « aide; » mais le *kesra* de ce ل se supprime lorsque précèdent و ou ف; ex. فَلْيَنْصُرْ et وَلْيَنْصُرْ, « qu'il aide. »

DU PARTICIPE.

La première radicale est marquée de *fatha* et suivie de ا quiescent; la seconde a *kesra*, et la troisième *damma* avec nunnation, comme dans les substantifs, à la manière desquels le participe forme son féminin et ses nombres.

DE L'INFINITIF.

L'infinitif régulier des verbes transitifs est نَصْرًا, ex. ضَرَبَ ضَرْبًا, « il a frappé en frappant, ou d'un coup; » فَهِمَ فَهْمًا, « il a compris en comprenant. » Dans les verbes intransitifs, si la deuxième radicale a *fatha* au prétérit, l'infinitif est de la forme نُصُورًا; ex. قَعَدَ قُعُودًا, « il s'est assis; » si *damma*, de la forme نُصُورَةً; ex. سَهُلَ سُهُولَةً; « il a été facile; » ou نَصَارَةً; ex. : جَزُلَ جَزَالَةً, « il a abondé; » si *kesra*, de la forme نَصَرًا; ex. فَرِحَ فَرَحًا. Mais il y a un grand nombre d'exceptions, et les grammairiens, à ces cinq formes, en ajoutent vingt-huit autres, ce qui en donne en tout trente-trois.

TABLEAU DU PASSIF.

PRÉTÉRIT.

SINGULIER.

1re Personne.	2e.	3e.
نُصِرْتُ *com.*	نُصِرْتَ *masc.*	نُصِرَ *masc.*
J'ai été aidé.	Tu as été aidé.	Il a été aidé.
	نُصِرْتِ *fém.*	نُصِرَتْ *fém.*
	Tu as été aidée.	Elle a été aidée.

DUEL.

1re Personne.	2e.	3e.
	نُصِرْتُمَا *com.*	نُصِرَا *masc.*
	Vous deux avez été aidés.	Eux deux ont été aidés.
		نُصِرَتَا *fém.*
		Elles deux ont été aidées.

PLURIEL.

1re Personne.	2e.	3e.
نُصِرْنَا *com.*	نُصِرْتُمْ *masc.*	نُصِرُوا *masc.*
Nous avons été aidés.	Vous avez été aidés.	Ils ont été aidés.
	نُصِرْتُنَّ *fém.*	نُصِرْنَ *fém.*
	Vous avez été aidées.	Elles ont été aidées.

FUTUR.

SINGULIER.

1re Personne.	2e.	3e.
أُنْصَرُ *com.*	تُنْصَرُ *masc.*	يُنْصَرُ *masc.*
Je serai aidé.	Tu seras aidé.	Il sera aidé.
	تُنْصَرِينَ *fém.*	تُنْصَرُ *fém.*
	Tu seras aidée.	Elle sera aidée.

DUEL.

	تُنْصَرَانِ *com.* Vous deux serez aidés.	يُنْصَرَانِ *masc.* Eux deux seront aidés.
		تُنْصَرَانِ *fém.* Elles deux seront aidées.

PLURIEL.

نُنْصَرُ *com.* Nous serons aidés.	تُنْصَرُونَ *masc.* Vous serez aidés.	يُنْصَرُونَ *masc.* Ils seront aidés.
	تُنْصَرْنَ *fém.* Vous serez aidées.	يُنْصَرْنَ *fém.* Elles seront aidées

PARTICIPE.

PLURIEL.	DUEL.	SINGULIER.
مَنْصُورُونَ *masc.* Aidés.	مَنْصُورَانِ *masc.* Aidés.	مَنْصُورٌ *masc.* Aidé.
مَنْصُورَاتٌ *fém.* Aidées.	مَنْصُورَتَانِ *fém.* Aidées.	مَنْصُورَةٌ *fém.* Aidée.

Le prétérit et le futur ne diffèrent de l'actif que par les voyelles, et la première radicale du prétérit a toujours *damma*. Les lettres serviles ا ت ن ى du futur ont de même *damma*, et la seconde radicale *fatha*.

Le participe prend م avec *fatha* au commencement, et و quiescent après *damma*, avant la dernière radicale. Il y a aussi quelques participes des formes نَصُورٌ et نَصِيرٌ qui se prennent tantôt activement, tantôt passivement.

Le passif n'a point d'impératif; il se remplace par le futur avec apocope, précédé du ل impératif; exemple : لِيُنْصَرْ, « qu'il soit aidé. »

CHAPITRE III.

DES VERBES QUADRILITTÈRES ET DES CONJUGAISONS DÉRIVÉES DE LA PREMIÈRE CLASSE.

Les verbes quadrilittères et les conjugaisons dérivées de la première classe sont à peu près semblables au verbe trilittère, et n'en diffèrent qu'en ce que,

1° L'avant-dernière radicale a toujours *fatha* au prétérit actif, et *kesra* au futur. Les serviles ا ت ن ى ont toujours *damma* à l'actif comme au passif; ex. دَحْرَجَ, « il a roulé, » يُدَحْرِجُ ; كَسَّرَ, « il a brisé, » يُكَسِّرُ ; دُحْرِجَ, « il a été roulé, » يُدَحْرَجُ ; فُرِّحَ, « il a été réjoui, » يُفَرَّحُ.

2° L'impératif se forme du futur en retranchant les lettres serviles du commencement, et la voyelle de la dernière radicale; ex. دَحْرِجْ, « roule ; » كَسِّرْ, « brise. »

3° Chaque participe se forme de son futur en remplaçant les serviles du commencement par مـ, et ajoutant une nunnation à la dernière voyelle; ex. مُدَحْرِجٌ, « roulant ; » مُكَسِّرٌ, « brisant ; » et au passif, مُدَحْرَجٌ, « roulé ; » مُفَرَّحٌ, « réjoui. »

4° Les verbes quadrilittères ont des infinitifs particuliers, savoir :

مُنَاصَرَةً	نَاصَرَ	قِمْطَارًا	قَمْطَرَ
إِنْصَارًا	أَنْصَرَ	تَنْصِيرًا	نَصَّرَ

5° أَنْصَرَ perd au futur son ا suivant la règle (ا initial des verbes dérivés disparaît avec sa voyelle lorsqu'on le fait précéder des lettres servant à former les temps); ex. يُنْصِرُ pour يُأَنْصِرُ, de أَنْصَرَ; par suite, à l'impératif, les serviles initiales disparaissant, ا revient avec sa voyelle; ex. أَنْصِرْ, où ا ne doit pas être considéré comme caduc, et servant à former l'impératif.

6° نَاصَرَ change ا en و au prétérit passif; exemple : نُوصِرَ pour نَاصِرَ, suivant la seconde règle générale de permutation.

Tout ce qui précède peut être réuni dans le tableau suivant, qui présente la troisième personne du singulier masculin de chaque temps.

ACTIF.

INFIN.	PARTIC.	IMPÉR.	FUTUR.	PRÉT.	
قِمْطَارًا	مُقَمْطِرٌ	قَمْطِرْ	يُقَمْطِرُ	قَمْطَرَ	
تَنْصِيرًا	مُنَصِّرٌ	نَصِّرْ	يُنَصِّرُ	نَصَّرَ	2.
مُنَاصَرَةً	مُنَاصِرٌ	نَاصِرْ	يُنَاصِرُ	نَاصَرَ	3.
إِنْصَارًا	مُنْصِرٌ	أَنْصِرْ	يُنْصِرُ	أَنْصَرَ	4.

PASSIF.

PARTIC.	FUTUR.	PRÉT.	
مُقَمْطَرٌ	يُقَمْطَرُ	قُمْطِرَ	
مُنَصَّرٌ	يُنَصَّرُ	نُصِّرَ	2.
مُنَاصَرٌ	يُنَاصَرُ	نُوصِرَ	3.
مُنْصَرٌ	يُنْصَرُ	أُنْصِرَ	4.

CHAPITRE IV.

DES AUTRES CONJUGAISONS DÉRIVÉES.

Dans les autres conjugaisons dérivées, l'avant-dernière lettre du prétérit actif a également toujours *fatha*.

Le futur se forme du prétérit en lui préposant les serviles ا ت ن ى marquées de *fatha;* le ا initial, s'il y en a un, disparaissant suivant la règle donnée à la page précédente; le *fatha* final se changeant en *damma*, et le précédent en *kesra*, excepté dans تَنَصَّرَ et تَنَاصَرَ, qui le conservent; exemples :

يَجْتَمِعُ	إِجْتَمَعَ	Il a été rassemblé.
يَسْتَعْمِلُ	إِسْتَعْمَلَ	Il a employé.
يَتَكَسَّرُ	تَكَسَّرَ	Il a été brisé.
يَتَبَاعَدُ	تَبَاعَدَ	Il s'est retiré.

L'impératif se forme comme dans les quadrilittères, ex. يَتَكَسَّرُ « il sera brisé, » تَكَسَّرْ « sois brisé, » le ا rejeté[1], s'il y en a un, revenant avec *kesra:* يَسْتَعْمِلُ « il emploiera, » إِسْتَعْمِلْ « emploie. »

Le participe prend مـ avec *damma*, et a toujours *kesra* pour avant-dernière voyelle; ex. مُسْتَعْمِلٌ « employant, » مُتَبَاعِدٌ « se retirant. »

[1] D'après la règle donnée à la page 37.

On verra plus loin l'infinitif de chaque conjugaison.

La neuvième et la onzième conjugaison n'ont point de passif; les autres le forment :

Le prétérit, du prétérit actif, en changeant les deux premières voyelles en *damma*, l'avant-dernière en *kesra;* ex. تُنُصِّرَ de تَنَصَّرَ ;

Le futur, du futur actif, en changeant le *fatha* des serviles du temps en *damma*, et le *kesra* de l'avant-dernière lettre en *fatha;* exemple : يُسْتَنْصَرُ de يَسْتَنْصِرُ ;

Le participe, du futur, en mettant مـ à la place de ا ت ن ى ; exemple : مُسْتَنْصَرٌ.

Voici donc le tableau de ces conjugaisons dérivées :

ACTIF.

INFIN.	PARTIC.	IMPÉR.	FUTUR.	PRÉT.	
تَنَصُّرًا	مُتَنَصِّرٌ	تَنَصَّرْ	يَتَنَصَّرُ	تَنَصَّرَ	5.
تَنَاصُرًا	مُتَنَاصِرٌ	تَنَاصَرْ	يَتَنَاصَرُ	تَنَاصَرَ	6.
إِنِّصَارًا	مُنَّصِرٌ	إِنَّصِرْ	يَنَّصِرُ	إِنَّصَرَ	7.
إِنْتِصَارًا	مُنْتَصِرٌ	إِنْتَصِرْ	يَنْتَصِرُ	إِنْتَصَرَ	8.
إِنْصِرَارًا	مُنْصَرٌّ	إِنْصَرِرْ	يَنْصَرُّ	إِنْصَرَّ	9.
إِسْتِنْصَارًا	مُسْتَنْصِرٌ	إِسْتَنْصِرْ	يَسْتَنْصِرُ	إِسْتَنْصَرَ	10.
إِنْصِيرَارًا	مُنْصَارٌّ	إِنْصَارِرْ	يَنْصَارُّ	إِنْصَارَّ	11.
إِنْصِيصَارًا	مُنْصَوْصِرٌ	إِنْصَوْصِرْ	يَنْصَوْصِرُ	إِنْصَوْصَرَ	12.
إِنْصِوَّارًا	مُنْصَوِّرٌ	إِنْصَوِّرْ	يَنْصَوِّرُ	إِنْصَوَّرَ	13.

PASSIF.

PARTIC.	FUTUR.	PRÉT.	
مُتَنَصَّرٌ	يُتَنَصَّرُ	تُنُصِّرَ	5.
مُتَنَاصَرٌ	يُتَنَاصَرُ	تُنُوصِرَ	6.
مُنَّصَرٌ	يُنَّصَرُ	أُنَّصِرَ	7.
مُنْتَصَرٌ	يُنْتَصَرُ	أُنْتُصِرَ	8.
مُسْتَنْصَرٌ	يُسْتَنْصَرُ	أُسْتُنْصِرَ	10.
مُنْصَوْصَرٌ	يُنْصَوْصَرُ	أُنْصُوصِرَ	12.
مُنْصَوَّرٌ	يُنْصَوَّرُ	أُنْصُوِّرَ	13.

Et de même pour les dérivés des quadrilittères.

ACTIF.

INFIN.	PARTIC.	IMPÉR.	FUTUR.	PRÉT.
تَقَمْطُرًا	مُتَقَمْطِرٌ	تَقَمْطَرْ	يَتَقَمْطَرُ	تَقَمْطَرَ
إِقْمِنْطَارًا	مُقْمَنْطِرٌ	إِقْمَنْطِرْ	يَقْمَنْطِرُ	إِقْمَنْطَرَ
إِقْمِطْرَارًا	مُقْمَطِرٌّ	إِقْمَطْرِرْ	يَقْمَطِرُّ	إِقْمَطَرَّ

PASSIF.

PARTIC.	FUTUR.	PRÉT.
مُتَقَمْطَرٌ	يُتَقَمْطَرُ	تُقُمْطِرَ
مُقْمَنْطَرٌ	يُقْمَنْطَرُ	أُقْمُنْطِرَ
مُقْمَطَرٌّ	يُقْمَطَرُّ	أُقْمُطِرَّ

CHAPITRE V.

DU VERBE IMPARFAIT. — DU VERBE SOURD.

Jusqu'ici nous n'avons parlé que du verbe parfait; l'imparfait est de trois sortes : 1° sourd, 2° hamzé, 3° quiescent.

Le verbe sourd est celui dont la seconde radicale est semblable à la troisième; ex. مَدَدَ

L'anomalie de ce verbe consiste en ce que la première des deux radicales semblables se réunit par un *techdid* à la seconde lorsque celle-ci a une voyelle : quant à la voyelle de l'autre, elle disparaît ou est reportée sur la lettre précédente, suivant que cette lettre a elle-même une voyelle ou en est privée ; ex. مَدَّ pour مَدَدَ, يَمُدُّ pour يَمْدُدُ. Ce verbe se conjugue donc de la manière suivante :

PRÉTÉRIT.

SINGULIER.

1re personne.	2e.	3e.	
مَدَدْتُ *com.*	مَدَدْتَ *masc.*	مَدَّ *masc.*	Il a étendu.
	مَدَدْتِ *fém.*	مَدَّتْ *fém.*	

DUEL.

مَدَدْتُمَا *com.*	مَدَّا *masc.*
	مَدَّتَا *fém.*

PLURIEL.

مَدَدْنَا *com.*	مَدَدْتُمْ *masc.*	مَدُّوا *masc.*
	مَدَدْتُنَّ *fém.*	مَدَدْنَ *fém.*

FUTUR.

SINGULIER.

أَمُدُّ *com.*	تَمُدُّ *masc.*	يَمُدُّ *masc.*	Il étendra.
	تَمُدِّينَ *fém.*	تَمُدُّ *fém.*	

DUEL.

تَمُدَّانِ *com.*	يَمُدَّانِ *masc.*
	تَمُدَّانِ *fém.*

PLURIEL.

نَمُدُّ *com.*	تَمُدُّونَ *masc.*	يَمُدُّونَ *masc.*
	تَمْدُدْنَ *fém.*	يَمْدُدْنَ *fém.*

IMPÉRATIF.

PLURIEL.	DUEL.	SINGULIER.	
مُدُّوا *masc.*	مُدَّا *com.*	أُمْدُدْ *masc.*	Étends.
أُمْدُدْنَ *fém.*		مُدِّي *fém.*	

PARTICIPE.

PLURIEL.	DUEL.	SINGULIER.	
مَادُّونَ *masc.*	مَادَّانِ *masc.*	مَادٌّ *masc.*	Étendant.
مَادَّاتٌ *fém.*	مَادَّتَانِ *fém.*	مَادَّةٌ *fém.*	

DU PRÉTÉRIT.

Les verbes dont la seconde radicale a *damma* ou *kesra* se comportent de la même manière; ex. مَسَّ « il a touché, » pour مَسِسَ, مَسِسْتَ « tu as touché, » etc.

DU FUTUR.

Il en est de même lorsque l'avant-dernière radicale a *fatha* ou *kesra;* exemples :

يَعَضُّ	pour	يَعْضَضُ	Il mordra.
يَفِرُّ		يَفْرِرُ	Il fuira.

Lorsque la dernière radicale doit être marquée de *djezma* par apocope, la contraction ne peut se faire; ex. لَمْ يَمْدُدْ « il n'a pas étendu; » ou, pour qu'elle puisse avoir lieu, on remplace le *djezma* par un *fatha* ou un *kesra;* ex. لَمْ يَمُدَّ ou يَمُدِّ.

DE L'IMPÉRATIF.

أُمْدُدْ et أُمْدُدْنَ sont réguliers à cause du *djezma* de la dernière radicale; mais أُمْدُدْ, pour pouvoir être contracté, prend souvent aussi *fatha* ou *kesra* et devient مُدَّ ou مُدِّ, le ا qui sert à la formation de l'impératif étant caduc, et disparaissant, de même qu'aux autres personnes, suivant la règle donnée à la page 10.

Le passif se forme absolument de la même manière; exemples :

مُدَّ	pour	مُدِدَ	Il a été étendu.
يُمَدُّ	pour	يُمْدَدُ	Il sera étendu.

Mais le participe, à cause du و intercalé entre les deux radicales semblables, est régulier; exemple : مَمْدُودٌ « étendu. »

Il en est de même pour les conjugaisons dérivées.

PRÉTÉRIT.

أَمَدَّ	pour	أَمْدَدَ
إِنْمَدَّ	pour	إِنْمَدَدَ
إِسْتَمَدَّ	pour	إِسْتَمْدَدَ

FUTUR.

يُمِدُّ	pour	يُمْدِدُ
يَنْمَدُّ	pour	يَنْمَدِدُ
يَسْتَمِدُّ	pour	يَسْتَمْدِدُ

Et de même pour les autres, excepté celles qui ont *techdid*, lesquelles se conjuguent régulièrement; ex.

مَدَّدْتُ	مَدَّدْتَ	مَدَّدَ
	مَدَّدْتِ	مَدَّدَتْ
تَمَدَّدْتُ	تَمَدَّدْتَ	تَمَدَّدَ
	تَمَدَّدْتِ	تَمَدَّدَتْ

REMARQUE.

Il faut remarquer que les verbes parfaits trilittères de la neuvième et de la onzième conjugaison, et les quadrilittères de la quatrième, c'est-à-dire qui doublent leur dernière radicale, se comportent de la même manière; on dit donc au prétérit :

إِصْفَرَّ		إِصْفَرَرَ
إِصْفَارَّ	pour	إِصْفَارَرَ
إِقْمَطَرَّ		إِقْمَطْرَرَ

au futur :

يَصْفَرُّ		يَصْفَرِرُ
يَصْفَارُّ	pour	يَصْفَارِرُ
يَقْمَطِرُّ		يَقْمَطْرِرُ

Par suite, quand la dernière des deux lettres semblables doit être en repos, chacune s'écrit séparément; ex. إِصْفَرَرْتِ - إِصْفَرَرْتَ - إِقْمَطْرَرْتِ - إِقْمَطْرَرْتَ, et de même au futur avec apocope et à l'impératif, où l'on peut cependant encore faire la contraction, en remplaçant le *djezma* final par un *fatha* ou un *kesra*, ainsi qu'il a été dit pour les verbes sourds.

CHAPITRE VI.

DU VERBE HAMZÉ.

Le verbe *hamzé* est celui dont une des radicales est *hamza* ou ا mobile; il est de trois sortes, suivant que *hamza* est la première radicale; ex. أَثَرَ, « il a choisi; » la seconde, ex. سَأَلَ, « il a interrogé; » la troisième, ex. هَنَأَ, « il a rendu salubre. »

Il se conjugue de la même manière que le verbe parfait, en observant seulement les règles de permutation de ا. La première espèce se conjuguera donc de la manière suivante :

ACTIF.

PRÉT.	أَثَرَ
FUT.	يَأْثِرُ
IMP.	إِيثِرْ pour إِأْثِرْ, suivant la seconde règle générale.
PART.	آثِرٌ pour ااثِرٌ, suivant la cinquième de ا.
INF.	أَثْرًا

Lorsque l'impératif a *damma*, *hamza*, suivant cette même deuxième règle générale, se change en و, ex. أُومُلْ pour أُأْمُلْ; mais

أَخَذَ, Il a pris,	rejettent *hamza* et font	خُذْ
أَكَلَ, Il a mangé,		كُلْ
أَمَرَ, Il a ordonné,		مُرْ

PASSIF.

PRÉT. أُثِرَ

FUT. يُوثَرُ pour يُؤْثَرُ, suivant la seconde règle générale.

PART. مَاثُورٌ

Et de même, dans les autres conjugaisons, *hamza* change ou disparaît à cause de *damma* ou *kesra*, ou un autre *hamza*, suivant les règles de permutation établies; exemples :

آثَرَ	pour	أَأْثَرَ / أَاْثَرَ	suivant la cinquième règle de ا.

يُوثِرُ	pour	يُؤْثِرُ	{ suivant la seconde règle de ا.
يُوَاثِرُ		يُؤَاثِرُ	
يُوثِرُ		يُؤْثِرُ	suivant la seconde règle générale.

Les verbes dont *hamza* est la deuxième ou la troisième radicale se conjuguent en ayant égard à ces mêmes règles de permutation; ex.

سَائِلٌ	pour	سَاإِلٌ	{ suivant la première règle de ا.
سُئِلَ		سُإِلَ	
هَانِئٌ		هَانِأٌ	{ suivant la troisième règle de ا.
هُنِئَ		هُنِأَ	

Tout le reste est régulier.

CHAPITRE VII.

DU VERBE QUIESCENT. — DU VERBE ASSIMILÉ.

Le verbe quiescent est celui dont une des radicales est و ou ى, et se divise en verbes assimilé, concave et défectueux.

Le verbe assimilé est celui qui a pour première radicale و ou ى; ex. وَجَدَ, «il a trouvé;» يَسَرَ, «il a joué aux dés.»

L'anomalie du verbe assimilé en و consiste en ce que le و radical disparaît au futur actif et à l'impératif de la première conjugaison, lorsque l'avant-dernière radicale a *kesra* (ce qui arrive ici à la plupart de ceux dont la deuxième radicale a *fatha*), et à l'infinitif lorsqu'il est de la forme نِصْرَةٌ, ex.

INFIN.	IMPÉR.	FUT.	PRÉT.	
عِدَةٌ	عِدْ	يَعِدُ	وَعَدَ	Il a promis;
مِقَةٌ	مِقْ	يَمِقُ	وَمِقَ	Il a aimé;

où { يَعِدُ, عِدْ, عِدَةٌ } est pour { يَوْعِدُ, إِوْعِدْ, وِعْدَةٌ }

le ا servile de l'impératif disparaissant en même temps, suivant la règle de ا caduc citée précédemment.

La même anomalie se rencontre dans six verbes ayant *fatha* au futur, savoir : وَضَعَ, « il a posé; » وَطِئَ, « il a foulé; » وَقَعَ, « il est tombé; » وَذَرَ, il a renvoyé; » وَدَعَ, « il a déposé; » وَسِعَ, « il a été vaste. »

Le verbe assimilé en ى change ce ى en و, lorsqu'il a *djezma* après *damma*, suivant la deuxième règle générale; exemples :

يُوسِرُ مُوسِرٌ	pour	يُيْسِرُ مُيْسِرٌ

Tout le reste est régulier.

CHAPITRE VIII.

DU VERBE CONCAVE.

Le verbe concave est celui dont la deuxième radicale est و ou ى; ex. قَوَلَ, « il a dit; » سَيَرَ, « il est allé. » Son anomalie consiste presque uniquement en ce que, dans les première, quatrième, septième, huitième et dixième conjugaisons, و et ى ne peuvent recevoir de voyelle, mais, la rejetant complétement, ou, la reportant sur la lettre précédente, si cette lettre est marquée de *djezma*, deviennent quiescents, étant écrits devant une voyelle, et effacés devant *djezma*. Il se conjuguera donc de la manière suivante.

VERBE CONCAVE EN و.

PRÉTÉRIT.

SINGULIER.

قُلْتُ *com.*	قُلْتَ *masc.*	قَالَ *masc.*	Il a dit.
	قُلْتِ *fém.*	قَالَتْ *fém.*	

DUEL.

قُلْتُمَا *com.*	قَالَا *masc.*
	قَالَتَا *fém.*

PLURIEL.

قُلْنَا *com.*	قُلْتُمْ *masc.*	قَالُوا *masc.*
	قُلْتُنَّ *fém.*	قُلْنَ *fém.*

FUTUR.

SINGULIER.

أَقُولُ *com.*	تَقُولُ *masc.*	يَقُولُ *masc.*	Il dira.
	تَقُولِينَ *fém.*	تَقُولُ *fém.*	

DUEL.

تَقُولَانِ *com.*	يَقُولَانِ *masc.*
	تَقُولَانِ *fém.*

PLURIEL.

نَقُولُ *com.*	تَقُولُونَ *masc.*	يَقُولُونَ *masc.*
	تَقُلْنَ *fém.*	يَقُلْنَ *fém.*

IMPÉRATIF.

PLURIEL.	DUEL.	SINGULIER.	
قُولُوا *masc.*	قُولَا *com.*	قُلْ *masc.*	Dis.
قُلْنَ *fém.*		قُولِي *fém.*	

PARTICIPE.

PLURIEL.	DUEL.	SINGULIER.	
قَايِلُونَ *masc.*	قَايِلَانِ *masc.*	قَايِلٌ *masc.*	Disant.
قَايِلَاتٌ *fém.*	قَايِلَتَانِ *fém.*	قَايِلَةٌ *fém.*	

INFINITIF.

قَوْلًا En disant.

VERBE CONCAVE EN ى.

PRÉTÉRIT.

SINGULIER.

سِرْتُ *com.*	سِرْتَ *masc.*	سَارَ *masc.*	Il est allé.
	سِرْتِ *fém.*	سَارَتْ *fém.*	

DUEL.

سِرْتُمَا *com.*	سَارَا *masc.*
	سَارَتَا *fém.*

PLURIEL.

سِرْنَا *com.*	سِرْتُمْ *masc.*	سَارُوا *masc.*
	سِرْتُنَّ *fém.*	سِرْنَ *fém.*

FUTUR.

SINGULIER.

أَسِيرُ *com.*	تَسِيرُ *masc.*	يَسِيرُ *masc.*	Il ira.
	تَسِيرِينَ *fém.*	تَسِيرُ *fém.*	

DUEL.

تَسِيرَانِ *com.*	يَسِيرَانِ *masc.*	
	تَسِيرَانِ *fém.*	

PLURIEL.

نَسِيرُ *com.*	تَسِيرُونَ *masc.*	يَسِيرُونَ *masc.*
	تَسِرْنَ *fém.*	يَسِرْنَ *fém.*

IMPÉRATIF.

PLURIEL.	DUEL.	SINGULIER.	
سِيرُوا *masc.*	سِيرَا *com.*	سِرْ *masc.*	Va.
سِرْنَ *fém.*		سِيرِى *fém.*	

PARTICIPE.

PLURIEL.	DUEL.	SINGULIER.	
سَائِرُونَ *masc.*	سَائِرَانِ *masc.*	سَائِرٌ *masc.*	Allant.
سَائِرَاتٌ *fém.*	سَائِرَتَانِ *fém.*	سَائِرَةٌ *fém.*	

INFINITIF.

سَيْرًا En allant.

DU PRÉTÉRIT.

Aux troisièmes personnes (excepté celle du pluriel féminin), و et ى privés de voyelle se changent en ا, après le *fatha* de la première radicale, suivant la seconde règle de و et ى, de sorte que les formes données remplacent les suivantes :

قَوَلَ قَوَلَتْ قَوَلَا قَوَلَتَا قَوَلُوا

بَيَعَ بَيَعَتْ بَيَعَا بَيَعَتَا بَيَعُوا

Il en est encore de même quand la deuxième radicale a *kesra* ou *damma;* ex.

خَافَ	pour	خَوِفَ, Il a craint.
طَالَ		طَوُلَ, Il a été long.
هَابَ		هَيِبَ, Il a craint.

Aux autres personnes, و et ى disparaissant, suivant la troisième règle générale, la voyelle de la lettre précédente se change, savoir : si la voyelle de la deuxième radicale devait être *kesra* ou *damma*, en cette même voyelle; ex.

خِفْتِ خِفْتَ	pour	خَوِفْتِ خَوِفْتَ
طُلْتِ طُلْتَ		طَوُلْتِ طَوُلْتَ
هِبْتِ هِبْتَ		هَيِبْتِ هَيِبْتَ

si elle devait être *fatha*, en *damma*, lorsque le verbe est concave en و ; exemples :

قُلْتُ	قُلْتَ	pour	قَوَلْتُ	قَوَلْتَ
	قُلْتِ			قَوَلْتِ

et en *kesra*, s'il est concave en ى ; ex. :

سِرْتُ	سِرْتَ	pour	سَيَرْتُ	سَيَرْتَ
	سِرْتِ			سَيَرْتِ

DU FUTUR.

Si l'avant-dernière radicale a *fatha* au prétérit, le futur est en *damma* pour les verbes concaves en و, et en *kesra* pour les verbes concaves en ى : si elle a *damma*, le futur est semblable suivant la règle; enfin, si elle a *kesra*, le futur est en *fatha*. Cette voyelle se reporte sur la première radicale marquée de *djezma*, de sorte que la seconde devient quiescente, ce qui se fait sans aucun changement si cette voyelle est *damma* ou *kesra;* et si elle est *fatha*, en changeant و ou ى quiescent en ا, selon la deuxième règle générale; ex.

يَقُولُ		يَقْوُلُ		قَوَلَ
يَسِيرُ		يَسْيِرُ		سَيَرَ
يَخَافُ	pour	يَخْوَفُ	de	خَوِفَ
يَهَابُ		يَهْيَبُ		هَيِبَ
يَطُولُ		يَطْوُلُ		طَوُلَ

Lorsque la troisième radicale prend *djezma*, la seconde, étant quiescente, disparaît suivant la troisième règle générale; exemples :

يَقُلْنَ لَمْ يَسِرْ	pour	يَقُولْنَ لَمْ يَسِيرْ

DE L'IMPÉRATIF.

La voyelle de la seconde radicale étant reportée sur la première, comme au futur, le ا impératif disparaît, suivant la règle donnée à la page 10. Au singulier masculin et au pluriel féminin, la lettre quiescente disparaît à cause du *djezma* suivant.

DU PARTICIPE.

Ici le ا quiescent qui suit la première radicale exige que la seconde soit en mouvement (car deux lettres quiescentes ne peuvent se rencontrer); mais comme cela ne peut avoir lieu, on le remplace par *hamza*, qui, suivant la première règle de ا, se change en ى ; ainsi :

قَايِلٌ سَايِرٌ	est pour	قَاإِلٌ سَاإِرٌ	et celui-ci pour	قَاوِلٌ سَايِرٌ

PASSIF DU VERBE CONCAVE EN و.

PRÉTÉRIT.

SINGULIER.

قُلْتُ *com.*	قِلْتَ *masc.*	قِيلَ *masc.*	Il a été dit.
	قِلْتِ *fém.*	قِيلَتْ *fém*	

DUEL.

	قِلْتُمَا *com.*	قِيلَا *masc.*
		قِيلَتَا *fém.*

PLURIEL.

قِلْنَا *com.*	قِلْتُمْ *masc.*	قِيلُوا *masc.*
	قِلْتُنَّ *fém.*	قِلْنَ *fém.*

FUTUR.

SINGULIER.

أُقَالُ *com.*	تُقَالُ *masc.*	يُقَالُ *masc.*	Il sera dit.
	تُقَالِينَ *fém.*	تُقَالُ *fém.*	

DUEL.

تُقَالَانِ *com.*	يُقَالَانِ *masc.*
	تُقَالَانِ *fém.*

PLURIEL.

نُقَالُ *com.*	تُقَالُونَ *masc.*	يُقَالُونَ *masc.*
	تُقَلْنَ *fém.*	يُقَلْنَ *fém.*

PARTICIPE.

PLURIEL.	DUEL.	SINGULIER.	
مَقُولُونَ *masc.*	مَقُولَانِ *masc.*	مَقُولٌ *masc.*	Dit
مَقُولَاتٌ *fém.*	مَقُولَتَانِ *fém.*	مَقُولَةٌ *fém.*	

PASSIF DU VERBE CONCAVE EN ى.

PRÉTÉRIT.

SINGULIER.

سِرْتُ *com.*	سِرْتَ *masc.*	سِيرَ *masc.*	Il a été envoyé.
	سِرْتِ *fém.*	سِيرَتْ *fém.*	

DUEL.

سِرْتُمَا *com.*	سِيرَا *masc.*
	سِيرَتَا *fém.*

PLURIEL.

سِرْنَا *com.*	سِرْتُمْ *masc.*	سِيرُوا *masc.*
	سِرْتُنَّ *fém.*	سِرْنَ *fém.*

FUTUR.

SINGULIER.

أُسَارُ *com.*	تُسَارُ *masc.*	يُسَارُ *masc.*	Il sera envoyé.
	تُسَارِينَ *fém.*	تُسَارُ *fém.*	

DUEL.

تُسَارَانِ *com.*	يُسَارَانِ *masc.*
	تُسَارَانِ *fém.*

PLURIEL.

نُسَارُ *com.*	تُسَارُونَ *masc.*	يُسَارُونَ *masc.*
	تُسَرْنَ *fém.*	يُسَرْنَ *fém.*

PARTICIPE.

PLURIEL.		DUEL.		SINGULIER.		
مَسِيرُونَ	*masc.*	مَسِيرَانِ	*masc.*	مَسِيرٌ	*masc.*	Envoyé.
مَسِيرَاتٌ	*fém.*	مَسِيرَتَانِ	*fém.*	مَسِيرَةٌ	*fém.*	

DU PRÉTÉRIT.

Le *kesra* de la deuxième radicale remplace la voyelle de la première, de sorte que l'on a سِيرَ pour سُيِرَ et قِيلَ pour قُوِلَ, le و se changeant en ى, suivant la seconde règle générale. Les deuxièmes et premières personnes des verbes concaves en ى sont semblables à l'actif et au passif, mais elles se distinguent par le sens de la phrase.

DU FUTUR.

Le *fatha* de la deuxième radicale étant reporté sur la première, و et ى se changent en ا, suivant la deuxième règle générale, et l'on a يُقَالُ pour يُقْوَلُ et يُسَارُ pour يُسْيَرُ.

DU PARTICIPE.

Le *damma* de la deuxième radicale étant reporté sur la première, le و servile du participe disparaît pour que deux lettres quiescentes ne se rencontrent pas; exemple: مَقُولٌ pour مَقْوُولٌ. Mais les verbes en ى, pour se distinguer des précédents, changent en même temps le *damma* en *kesra*, de sorte que l'on a مَسِيرٌ pour مَسْيُورٌ.

Les quatrième, septième, huitième et dixième conjugaisons suivent les mêmes règles de cette manière.

ACTIFS.

INFIN.	PART.	IMPÉR.	FUTUR.	PRÉT.	
إِقَالَةً	مُقِيلٌ	أَقِلْ	يُقِيلُ	أَقَالَ	4.
إِسَارَةً	مُسِيرٌ	أَسِرْ	يُسِيرُ	أَسَارَ	
إِنْقِيَالًا	مُنْقَالٌ	إِنْقَلْ	يَنْقَالُ	إِنْقَالَ	7.
إِنْسِيَارًا	مُنْسَارٌ	إِنْسَرْ	يَنْسَارُ	إِنْسَارَ	
إِقْتِيَالًا	مُقْتَالٌ	إِقْتَلْ	يَقْتَالُ	إِقْتَالَ	8.
إِسْتِيَارًا	مُسْتَارٌ	إِسْتَرْ	يَسْتَارُ	إِسْتَارَ	
إِسْتِقَالَةً	مُسْتَقِيلٌ	إِسْتَقِلْ	يَسْتَقِيلُ	إِسْتَقَالَ	10.
إِسْتِنْسَارَةً	مُسْتَنْسِيرٌ	إِسْتَنْسِرْ	يَسْتَنْسِيرُ	إِسْتَنْسَارَ	

PASSIFS.

PART.	IMPÉR.	FUTUR.	PRÉT.	
مُقَالٌ	......	يُقَالُ	أُقِيلَ	4.
مُسَارٌ	......	يُسَارُ	أُسِيرَ	
مُنْقَالٌ	......	يُنْقَالُ	أُنْقِيلَ	7.
مُنْسَارٌ	......	يُنْسَارُ	أُنْسِيرَ	
مُقْتَالٌ	......	يُقْتَالُ	أُقْتِيلَ	8.
مُسْتَارٌ	......	يُسْتَارُ	أُسْتِيرَ	
مُسْتَقَالٌ	......	يُسْتَقَالُ	أُسْتُقِيلَ	10.
مُسْتَنْسَارٌ	......	يُسْتَنْسَارُ	أُسْتُنْسِيرَ	

On voit qu'ici les verbes concaves en و ne diffèrent en rien des verbes concaves en ى, et que les participes passifs des septième et huitième conjugaisons sont semblables aux participes actifs; les mots qui les accompagnent dans une phrase servent à en fixer le sens. Dans les infinitifs des quatrième et dixième conjugaisons, و et ى, reportant leur *fatha* sur la lettre précédente, qui est en repos, se changent en un ا quiescent, après lequel l'autre ا quiescent, qui, pour la formation de l'infinitif, se met devant la dernière radicale, dans إِنْصَارًا et إِسْتِنْصَارًا, disparaît par le motif rapporté au sujet du participe; mais, par compensation, on ajoute ة à la fin, et l'on dit إِقَالَةً pour إِقْوَالًا, إِسْتِقَالَةً pour إِسْتِقْوَالًا.

Dans les infinitifs des septième et huitième conjugaisons, la deuxième radicale est mue comme dans les verbes réguliers; mais, de plus, les verbes concaves en و la changent en ى, comme on le voit au tableau. Les autres conjugaisons sont régulières; exemples :

قَوَّلَ يُقَوِّلُ قَوِّلْ مُقَوِّلٌ تَقْوِيلًا
سَيَّرَ يُسَيِّرُ سَيِّرْ مُسَيِّرٌ تَسْيِيرًا
قَاوَلَ يُقَاوِلُ قَاوِلْ مُقَاوِلٌ مُقَاوَلَةً
سَايَرَ يُسَايِرُ سَايِرْ مُسَايِرٌ مُسَايَرَةً

et de même :

إِبْيَضَّ إِسْوَدَّ تَقَاوَلَ تَقَوَّلَ

Ou trouve aussi quelques verbes, ayant و ou ى pour

deuxième radicale, qui, dans ces premières conjugaisons, se conjuguent régulièrement; exemples :

عَاوَرَ   إِعْوَرْ   يَعْوَرُ   عَوِرَ, Il a été borgne.

صَايِدٌ   أَصْيَدُ   يَصْيَدُ   صَيِدَ, Il a chassé.

Et de même aussi :

إِسْتَعْوَرَ   إِعْتَوَرَ   إِنْعَوَرَ   أَعْوَرَ

إِسْتَصْيَدَ   إِصْطَيَدَ   إِنْصَيَدَ   أَصْيَدَ

Quelques-uns même, imparfaits à la première conjugaison, sont, à la quatrième, tantôt parfaits, tantôt imparfaits; exemples :

رَاحَ, Il a été en repos,	à la 4ᵉ conjug.	أَرَاحَ	et	أَرْوَحَ
غَامَ, Il a eu soif.		أَغَامَ	et	أَغْيَمَ

De même, les verbes concaves en و se conjuguent souvent, à la dixième conjugaison, d'une manière régulière; exemples :

إِسْتَجَابَ   et   إِسْتَجْوَبَ, Il a exaucé.

إِسْتَصَابَ   et   إِسْتَصْوَبَ, Il a approuvé.

CHAPITRE IX.

DU VERBE DÉFECTUEUX.

Le verbe défectueux est celui dont la dernière radicale est و ou ى; exemples :

غَزَوَ, Il a attaqué.   رَمَى, Il a jeté.

Ses irrégularités dépendent toujours des règles de permutation données ci-dessus; en voici les tableaux.

ACTIF DU VERBE DÉFECTUEUX EN و.

PRÉTÉRIT.

SINGULIER.

غَزَوْتُ *com.*	غَزَوْتَ *masc.*	غَزَا *masc.*	Il a attaqué.
	غَزَوْتِ *fém.*	غَزَتْ *fém.*	

DUEL.

غَزَوْتُمَا *com.*	غَزَوَا *masc.*
	غَزَتَا *fém.*

PLURIEL.

غَزَوْنَا *com.*	غَزَوْتُمْ *masc.*	غَزَوْا *masc.*
	غَزَوْتُنَّ *fém.*	غَزَوْنَ *fém.*

FUTUR.

SINGULIER.

أَغْزُو *com.*	تَغْزُو *masc.*	يَغْزُو *masc.*	Il attaquera.
	تَغْزِينَ *fém.*	تَغْزُو *fém.*	

DUEL.

تَغْزُوَانِ *com.*	يَغْزُوَانِ *masc.*
	تَغْزُوَانِ *fém.*

PLURIEL.

نَغْزُو *com.*	تَغْزُونَ *masc.*	يَغْزُونَ *masc.*
	تَغْزُونَ *fém.*	يَغْزُونَ *fém.*

IMPÉRATIF.

PLURIEL.	DUEL.	SINGULIER.	
أُغْزُوا *masc.*	أُغْزُوَا *com.*	أُغْزُ *masc.*	Attaque.
أُغْزُونَ *fém.*		أُغْزِى *fém.*	

PARTICIPE.

PLURIEL.	DUEL.	SINGULIER.	
غَازُونَ *masc.*	غَازِيَانِ *masc.*	غَازٍ *masc.*	Attaquant.
غَازِيَاتٌ *fém.*	غَازِيَتَانِ *fém.*	غَازِيَةٌ *fém.*	

INFINITIF.

غَزْوًا En attaquant.

ACTIF DU VERBE DÉFECTUEUX EN ى.

PRÉTÉRIT.

SINGULIER.

رَمَيْتُ *com.*	رَمَيْتَ *masc.*	رَمَى *masc.*	Il a jeté.
	رَمَيْتِ *fém.*	رَمَتْ *fém.*	

DUEL.

رَمَيْتُمَا *com.*	رَمَيَا *masc.*
	رَمَتَا *fém.*

PLURIEL.

رَمَيْنَا com.	رَمَيْتُمْ masc.	رَمَوْا masc.
	رَمَيْتُنَّ *fém.*	رَمَيْنَ *fém.*

FUTUR.

SINGULIER.

أَرْمِي com.	تَرْمِي masc.	يَرْمِي masc.	Il jettera.
	تَرْمِينَ *fém.*	تَرْمِي *fém.*	

DUEL.

تَرْمِيَانِ com.	يَرْمِيَانِ masc.
	تَرْمِيَانِ *fém.*

PLURIEL.

نَرْمِي com.	تَرْمُونَ masc.	يَرْمُونَ masc.
	تَرْمِينَ *fém.*	يَرْمِينَ *fém.*

IMPÉRATIF.

PLURIEL.	DUEL.	SINGULIER.	
إِرْمُوا masc.	إِرْمِيَا com.	إِرْمِ masc.	Jette.
إِرْمِينَ *fém.*		إِرْمِي *fém.*	

PARTICIPE.

PLURIEL.	DUEL.	SINGULIER.	
رَامُونَ masc.	رَامِيَانِ masc.	رَامٍ masc.	Jetant.
رَامِيَاتٌ *fém.*	رَامِيَتَانِ *fém.*	رَامِيَةٌ *fém.*	

INFINITIF.

رَمْيًا En jetant.

DU PRÉTÉRIT.

غَزَا, « il a attaqué, » est mis pour غَزَوَ, le و se changeant en ا quiescent, suivant la troisième règle de و; et رَمَى, « il a jeté, » pour رَمَيَ, ayant rejeté la voyelle de la lettre ى, qui devient quiescente avec la valeur de ا, suivant la troisième règle de ى; l'une et l'autre de ces deux lettres disparaissent, avec leur voyelle, à la troisième personne féminine du singulier et du duel, et à la troisième personne masculine du pluriel; en effet, l'on dit :

رَمَتْ	pour	رَمَيَتْ	غَزَتْ	pour	غَزَوَتْ
رَمَتَا		رَمَيَتَا	غَزَتَا		غَزَوَتَا
رَمَوْا		رَمَيُوا	غَزَوْا		غَزَوُوا

Quand la seconde radicale a *damma*, le و radical ne change pas; ex. سَرُوَ, « il a un noble caractère; » lorsqu'elle a *kesra*, il se change partout en ى; ex. رَضِيَ, « il a consenti, » pour رَضِوَ, suivant la cinquième règle de و ; رَضِيتَ - رَضِيتِ pour رَضِوْتَ - رَضِوْتِ, suivant la deuxième règle générale. Mais alors aussi on ne le supprime pas à la troisième personne féminine du singulier et du duel; ex. سَرُوَتْ - سَرُوَتَا - رَضِيَتْ - رَضِيَتَا; il n'en est pas de même au pluriel masculin, où l'on dit : رَضُوا - سَرُوا, suivant la première règle de و et ى.

DU FUTUR.

La dernière radicale rejetant son *damma* est en repos. Si l'avant-dernière a *fatha* au prétérit, ce *fatha* se change ici (comme dans les verbes concaves) en *damma* pour les verbes quiescents en و, en *kesra* pour les verbes concaves en ى ; ex. يَرْمِى - يَغْزُو ; mais l'influence d'une gutturale la préserve de ce changement, ainsi que dans les verbes parfaits ; ex. يَرْعَى - رَعَى ; si elle a *damma*, il reste suivant la règle ; ex. يَسْرُو, qui se conjugue comme يَغْزُو ; si elle a *kesra*, il se change en *fatha ;* ex. يَرْضَى, où و est remplacé par ى quiescent avec la valeur de ا, suivant le second membre de la troisième règle de و. En effet, يَرْضَى est mis pour يَرْضَوُ, et se conjugue ainsi :

أَرْضَى	تَرْضَى تَرْضَيْنَ	يَرْضَى تَرْضَى	SING.
	تَرْضَيَانِ	يَرْضَيَانِ تَرْضَيَانِ	DUEL.
نَرْضَى	تَرْضَوْنَ تَرْضَيْنَ	يَرْضَوْنَ يَرْضَيْنَ	PLUR.

Au pluriel masculin et au singulier féminin de la

seconde personne, و et ى se contractent suivant la première règle de و et ى, ce qui fait disparaître la différence du pluriel masculin avec le pluriel féminin, quand l'avant-dernière radicale a *damma*, comme on le voit dans يَغْزُونَ et تَغْزُونَ, et celle du singulier féminin de la seconde personne avec le pluriel féminin de la même personne, quand cette radicale a *fatha* ou *kesra*, comme dans تَرْضَيْنَ et تَرْمِينَ.

Quand l'apocope doit avoir lieu, la dernière radicale ne reçoit pas le *djezma*, mais elle disparaît, et le ن final se rejette suivant la règle; exemples :

PLURIEL.	DUEL.	SINGULIER.	
يَغْزُوا	يَغْزُوَا	يَغْزُ	لَمْ
يَرْمُوا	يَرْمِيَا	يَرْمِ	
يَرْضَوْا	يَرْضَيَا	يَرْضَ	

Mais avec les particules qui produisent l'antithèse, la dernière lettre prend le *fatha* suivant la règle; ex. لَنْ يَرْمِيَ, « il ne jettera point; » لَنْ يَغْزُوَ, « il n'attaquera point; » mais dans يَرْضَى, la troisième règle de ى s'y oppose.

DE L'IMPÉRATIF.

L'impératif, comme dans les verbes parfaits, se forme du futur avec apocope, en y ajoutant le ا servile de l'impératif; ex. إِرْضَ - إِرْمِ - أُغْزُ; et la troisième radicale rejetée au singulier masculin reparaît avec le

ن paragogique; ex. إِرْضَيَنَّ - إِرْمِيَنَّ - أُغْزُونَّ. Au singulier féminin et au pluriel masculin, on fait usage de la contraction absolument comme au futur.

DU PARTICIPE.

Au singulier masculin, و final après *kesra* se change en ى, suivant la cinquième règle de و, et l'on a غَازِىٌ pour غَازِوٌ, et comme, suivant la quatrième règle de ى, ى final après *kesra* ne peut recevoir *damma*, il le rejette, et, reportant la nunnation sur la voyelle précédente, disparaît lui-même; ex. غَازٍ pour غَازِىٌ, et reparaît quand la nunnation est supprimée; ex. اَلْغَازِى pour اَلْغَازِىُ, ainsi que dans غَازِيَةٌ et رَامِيَةٌ, car là il n'est plus final. Dans غَازُونَ, il y a contraction, de même qu'au futur.

DU PASSIF.

Le passif suit les mêmes règles.

VERBE DÉFECTUEUX EN و.

PRÉTÉRIT.

غُزِيتُ	*com.*	غُزِيتَ	*masc.*	غُزِىَ	*masc.*	Il a été attaqué.
		غُزِيتِ	*fém.*	غُزِيَتْ	*fém.*	

FUTUR.

أُغْزَى com.	تُغْزَى masc.	يُغْزَى masc.	Il sera attaqué.
	تُغْزَيْنَ fém.	تُغْزَى fém.	

PARTICIPE.

مَغْزُوَّةٌ fém. مَغْزُوٌّ masc. Attaqué.

VERBE DÉFECTUEUX EN ى.

PRÉTÉRIT.

رُمِيتُ com.	رُمِيتَ masc.	رُمِيَ masc.	Il a été jeté.
	رُمِيتِ fém.	رُمِيَتْ fém.	

FUTUR.

أُرْمَى com.	تُرْمَى masc.	يُرْمَى masc.	Il sera jeté.
	تُرْمَيْنَ fém.	تُرْمَى fém.	

PARTICIPE.

مَرْمِيَّةٌ fém. مَرْمِيٌّ masc. Jeté.

غُزِيَ est pour غُزِوَ, suivant la cinquième règle de و. Dans يُغْزَى, و est changé en ى quiescent avec la valeur de ا, suivant la troisième règle de و ; يُرْمَى est pour يُرْمَيُ, suivant la troisième règle de ى; مَغْزُوٌّ est pour مَغْزُووٌ, par contraction; et مَرْمِيٌّ pour مَرْمُويٌ, suivant la cinquième règle de ى.

Toutes les conjugaisons dérivées de celle-ci se conjuguent de même ; exemples :

PASSIF.			ACTIF.	
يُغَزَّى	غُزِّيَ	2.	يُغَزِّي	غَزَّى
يُغَازَى	غُوزِيَ	3.	يُغَازِي	غَازَى
يُغْزَى	أُغْزِيَ	4.	يُغْزِي	أَغْزَى
يُتَغَزَّى	تُغُزِّيَ	5.	يَتَغَزَّى	تَغَزَّى
يُغْتَزَى	أُغْتُزِيَ	8.	يَغْتَزِي	إِغْتَزَى
يُسْتَغْزَى	أُسْتُغْزِيَ	10.	يَسْتَغْزِي	إِسْتَغْزَى
يُرَمَّى	رُمِّيَ	2.	يُرَمِّي	رَمَّى
يُرَامَى	رُومِيَ	3.	يُرَامِي	رَامَى
يُرْمَى	أُرْمِيَ	4.	يُرْمِي	أَرْمَى
يُتَرَمَّى	تُرُمِّيَ	5.	يَتَرَمَّى	تَرَمَّى
يُرْتَمَى	أُرْتُمِيَ	8.	يَرْتَمِي	إِرْتَمَى
يُسْتَرْمَى	أُسْتُرْمِيَ	10.	يَسْتَرْمِي	إِسْتَرْمَى

Et de même, dans les autres temps et conjugaisons, on observe les règles de la première ; il faut seulement remarquer que le ى qui, dans les prétérits défectueux en و, remplace le و, suivant le dernier membre de la troisième règle de و, reste aux premières et secondes personnes, et fait diphthongue avec le *fatha*, et qu'on dit أَغْزَيْتِ - أَغْزَيْتَ - أَغْزَى, etc. tandis qu'à la première conjugaison le و reparaît.

CHAPITRE X.

DU VERBE DOUBLEMENT IMPARFAIT.

Quelques verbes ont une double imperfection : parmi eux les uns sont à la fois hamzés et quiescents, les autres doublement quiescents; ils suivent en tout les règles des verbes simplement imparfaits, et par conséquent l'on conjugue :

أَبَ, Il est revenu,	comme	أَثَرَ	et comme	قَالَ
سَاءَ, Il a affligé,		قَالَ		هَنَأَ
جَاءَ, Il est venu,		سَارَ		هَنَأَ
أَتَى, Il est venu,		أَثَرَ		رَمَى
نَأَى, Il s'est retiré,		سَأَلَ		رَمَى
وَقَى, Il a gardé,		وَعَدَ		رَمَى
وَجِيَ, Il a eu mal au sabot,		وَجِلَ		رَضِيَ
شَوَى, Il a rôti,		رَمَى	et régulièrement, quant à la 2ᵉ radicale.	
قَوِيَ, Il a été fort,		رَضِيَ		
حَيِيَ, Il a vécu,		رَضِيَ		
وَأَى, Il a promis,		وَقَى	et comme	سَأَلَ
أَوَى, Il a hébergé,		أَثَرَ		شَوَى

Dans le verbe رَأَى, « il a vu, » à cause de la fréquence de son emploi, on rejette le *hamza* qui forme sa seconde radicale, et on en reporte la voyelle sur la précédente toutes les fois qu'elle doit avoir *djezma*, c'est-à-dire au futur et à l'impératif de la première conjugaison; exemples :

FUTUR.

تَرَى	يَرَى	pour	تَرْأَى	يَرْأَى
تَرَيْنَ	تَرَى		تَرْأَيْنَ	تَرْأَى

IMPÉRATIF.

PLURIEL.	DUEL.	SINGULIER.
رَوْا	رَيَا	رَ et رَهْ
رَيْنَ		رَىْ

et dans toute la quatrième conjugaison; exemples :

PRÉTÉRIT.	أَرَى	pour	أَرْأَى	, Il a montré.
FUTUR.....	يُرِى		يُرْئِى	
IMPÉRATIF.	أَرِ		أَرْئِ	
PARTICIPE.	مُرٍ		مُرْءٍ	
INFINITIF..	إِرَاءَةٌ		إِرْآءٌ	

La même chose a lieu pour le verbe حَيِيَ, « il a vécu » (qui, en outre, se contracte comme les verbes sourds, et devient حَيَّ), à la dixième conjugaison, mais à volonté, de sorte que l'on dit إِسْتَحْيَا et إِسْتَحَى, « il a eu honte; » يَسْتَحْيِي et يَسْتَحِي, et de même aux autres temps.

LIVRE TROISIÈME.

DU NOM.

On doit considérer dans le nom la qualité, l'espèce, la forme, le genre, le nombre, le cas et le degré de comparaison.

CHAPITRE PREMIER.

DE LA QUALITÉ DES NOMS.

Sous le rapport de la qualité, un nom peut être soit substantif, et alors il est ou nom propre; exemples : مُحَمَّدٌ, « Mahomet; » مَكَّةُ, « la Mecque; » دِجْلَةُ, « le Tigre; » ou nom commun; exemples : نَبِيٌّ, « prophète ; » مَدِينَةٌ, « ville; » نَهْرٌ, « ruisseau; » soit adjectif; ex. : كَاذِبٌ, « menteur, » كَبِيرٌ, « grand. » Le nom propre et l'adjectif démonstratif, comme هٰذَا, « celui-ci; » ذٰلِكَ, « celui-là, » sont, de leur nature, restreints et déterminés; le nom commun et les autres adjectifs ont une signification large et vague, mais qui devient déterminée quand on les fait précéder de l'article; exemples : اَلْمَدِينَةُ, « la ville; » اَلْكَبِيرُ, « le grand, » et aussi, pour les substantifs, par la construction de la phrase; ex. مَدِينَةُ ٱلنَّبِيِّ, « la ville du prophète; » مَدِينَتُهُ, « sa ville. »

CHAPITRE II.

DE L'ESPÈCE DES NOMS.

Il y a deux espèces de noms : le primitif et le dérivé.

Le nom primitif est celui qui ne dérive point d'un autre mot, ex. رَأْسٌ, « tête; » لَحْمٌ, « chair. »

Le nom dérivé est celui qui provient d'une racine, laquelle peut être soit un verbe, soit un nom.

Les dérivés des verbes sont : la plupart des adjectifs, comme عَظِيمٌ, « grand, » de عَظُمَ, « il a été grand; » طَيِّبٌ, « bon, » de طَابَ, « il a été bon; » et les substantifs exprimant l'agent, le temps ou le lieu de l'action, l'instrument, ou enfin l'action elle-même.

DU NOM DE L'AGENT.

L'agent s'exprime par les participes actifs pris substantivement; ex. نَاصِرٌ, « défenseur; » حَافِظٌ, « gardien; » سَمِيعٌ, « auditeur; » مُنْتَقِمٌ, « vengeur. »

DU NOM DU LIEU ET DU TEMPS.

Le nom du lieu et celui du temps de l'action se rendent ordinairement par le même mot qui, dans la première conjugaison trilittère, se forme du futur actif en changeant en مَ la servile initiale, et conservant l'avant-dernière voyelle lorsqu'elle est *fatha* ou *kesra:* ex. مَشْغَلٌ, « lieu et temps du travail ; » de يَشْغَلُ ; مَكْسِرٌ, « lieu et temps de la fracture, » de يَكْسِرُ ; مَبِيعٌ, « lieu et temps de l'achat, » de يَبِيعُ ; mais la changeant en *fatha* si elle est *damma;* ex. مَدْخَلٌ, « lieu et temps de l'entrée, » de يَدْخُلُ, مَقَامٌ, « lieu et temps de la station, » de يَقُومُ. Un très-petit nombre changent *damma* en *kesra.* Si le verbe est assimilé en و, l'avant-dernière radicale a toujours *kesra;* si le و a été rejeté, il revient ; exemples : مَوْضِعٌ, « lieu et temps de la pose ; » de يَضَعُ ; مَوْعِدٌ, « lieu et temps de la promesse, » de يَعِدُ ; مَوْبِقٌ, « lieu et temps de la mort, » de يَوْبَقُ ; mais, s'il est défectueux, l'avant-dernière voyelle est toujours *fatha;* ex. مَرْمًى (pour مَرْمَيٌ, suivant la troisième règle de ى), « lieu et temps de la projection, » de يَرْمِى ; مَدْعًى, « lieu et temps de l'appel, » de يَدْعُو ; مَرْضًى, « lieu et temps de la récréation, » de يَرْضَى. Les noms de lieu prennent quelquefois ة à la fin ; ex. مَقْبَرَةٌ, « lieu de l'ensevelissement, cimetière, » de يَقْبُرُ ; مَشْرَقَةٌ, « lieu du lever, orient, » de يَشْرُقُ ; et, dans ce cas, l'avant-dernière radicale a souvent *damma;* ex. مَقْبُرَةٌ, مَشْرُقَةٌ.

Dans les verbes quadrilittères et dans les conjugaisons dérivées, le nom de lieu et de temps se forme du futur passif, absolument de la même manière que le participe passif; ex. مَحْزَنٌ, « lieu et temps de l'affliction, » de يَحْزُنُ ; مُقَامٌ, « lieu et temps de l'érection, » de يُقَامُ ; مُنْقَطَعٌ, « lieu et temps de la séparation ; » مُدَحْرَجٌ, « lieu et temps du roulement; » مُحْرَنْجَمٌ, « lieu et temps du tumulte. »

DU NOM DE L'INSTRUMENT.

Le nom de l'instrument est de la forme مِنْصَارٌ, ou مِنْصَرٌ, ou مِنْصَرَةٌ; exemples : مِفْتَاحٌ, « ce qui sert à ouvrir, clef, » de فَتَحَ, « il a ouvert; » مِحْلَبٌ, « vase à traire, » de حَلَبَ, « il a trait; » مِكْنَسَةٌ, « balai, » de كَنَسَ, « il a balayé. »

DU NOM DE L'ACTION.

L'action elle-même est exprimée par l'infinitif décliné à la manière des autres noms, ex. ضَرْبٌ, « action de frapper; » إِحْزَانٌ, « action d'affliger; » تَصَارُعٌ, « lutte ; » إِسْتِخْرَاجٌ, « action de faire sortir, » etc. Il y a plus, c'est que l'infinitif n'est autre chose que le substantif verbal employé adverbialement, et accolé au verbe par élégance, et pour donner plus de force à l'expression. De l'infinitif non terminé en ة, on forme cependant un nom ayant cette terminaison, lequel exprime une action seule et unique, et repousse, par conséquent, l'emploi de l'adjectif وَاحِدَةٌ, « une seule. » Les Arabes le nomment nom d'unité, et, dans les verbes trilittères de la première conjugaison, il est toujours de la forme نَصْرَةٌ; exemples: ضَرْبَةٌ, « un seul coup, » قَوْمَةٌ, « une seule station, » dont les infinitifs sont ضَرْبًا, قَوْمًا; dans les verbes quadrilittères et dans les conjugaisons dérivées, il est de la même forme que l'infinitif, à la fin duquel seulement on ajoute ةٌ; ex. دِحْرَاجَةٌ, إِحْرَازَةٌ, إِسْتِخْرَاجَةٌ.

Les dérivés des noms sont les noms possessif, diminutif et local.

DU NOM POSSESSIF.

Le nom possessif est un adjectif exprimant la possession ou la dépendance, et se forme de tout substantif en lui ajoutant la terminaison ِىٌّ exemples : أَرْضٌ, « terre; » أَرْضِىٌّ, « terrestre; » إِنْسَانٌ, « homme; » إِنْسَانِىٌّ, « humain. » Les noms terminés par ةٌ ou par ى fém. le rejettent; ex. مَايِدَةٌ, « table; » مَايِدِىٌّ, « de table; » حَبْلَى, « femme enceinte; » حَبْلِىٌّ, « de femme enceinte, » ى se change cependant quelquefois en و, de manière à faire حَبْلَوِىٌّ.

Les adjectifs ainsi formés des noms propres de pays deviennent souvent substantifs; ex. مِصْرُ, « l'Égypte, » مِصْرِىٌّ, « égyptiaque et égyptien; » de même, ceux formés des noms collectifs de peuples expriment l'individu; ex. يَهُودٌ, « Juifs; » يَهُودِىٌّ, « judaïque et juif. »

DU DIMINUTIF.

Le diminutif est, dans les trilittères, de la forme نُصَيْرٌ; dans les quadrilittères, de la forme قُنَيْطِرٌ; ex. قَمَرٌ, « lune, » قُمَيْرٌ, « petite lune; » جَعْفَرٌ, « ruisseau, » جُعَيْفِرٌ, « petit « ruisseau; » عُصْفُورٌ, « passereau, » عُصَيْفِيرٌ, « petit passereau. »

DU NOM LOCAL.

Le nom local est ou collectif ou singulier.

Le collectif désigne le lieu où une chose se trouve abondamment, et est de la forme مَنْصَرَةٌ; ex. أَسَدٌ, « lion; » مَأْسَدَةٌ, « lieu rempli de lions; » بِطِّيخٌ, « melon; » مَبْطَخَةٌ, « lieu rempli de melons. » Il ne peut se former avec les noms de quatre radicales, comme ثَعْلَبٌ, « renard. »

Le singulier signifie le lieu ou l'instrument dans lequel une chose se place ou se conserve, et est de la même forme que le nom verbal exprimant l'instrument.

مِقْلَمٌ, cornet à plumes,	de	قَلَمٌ, plume.
مِبْوَالٌ, vase à uriner,	de	بَوْلٌ, urine.
مِشْمَعَةٌ, flambeau,	de	شَمَعٌ, bougie.

CHAPITRE III.

DE LA FORME DES NOMS.

La forme des noms est double : simple ou composée. La forme simple est celle qui ne contient que des lettres radicales ; ex. عَبْدٌ, « esclave ; » رَجُلٌ, « homme ; » خُنْفُقٌ, « difficulté ; » خَزَرْنَقٌ, « araignée ; » كِتَابٌ, « livre ; » بُطُولٌ, « loisir ; » عَظِيمٌ, « grand ; » صَرَّافٌ, « changeur[1]. »

La forme composée est celle qui, outre les radicales, contient une ou plusieurs des lettres serviles ا ت س م ن ى, qui servent à la formation des noms, savoir : ى à la fin, فَرَسِيٌّ, « Perse et persique ; » سَمَاوِيٌّ, « céleste ; » ذِكْرَى, « souvenir ; » ou au milieu : حُجَيْرٌ, « petite pierre ; » ou au commencement : يَنْبُوعٌ, « source. »

ت au commencement : تَطْوِيلٌ, « prolongation ; » تَكَبُّرٌ, « orgueil ; » ou au milieu, comme dans la huitième conjugaison : إِعْتِرَافٌ, « aveu ; » ou à la fin, mais écrit par ة : رَحْمَةٌ, « miséricorde. »

م au commencement : مِضْرَبٌ, « voie ; » مِثْقَالٌ, « poids ; » مَوْضِعٌ, « lieu ; » مَمْلَكَةٌ, « royaume ; » rarement

[1] Il y a ici un peu de confusion, car il est clair que dans كِتَابٌ et les mots suivants, ا و ى ne sont pas radicaux : ces mots sont donc réellement composés ; mais les Arabes ne considèrent comme composés que ceux qui le sont selon les règles suivantes.

à la fin : إِبْنَمٌ, « fils, » دِرْدِمٌ, « chamelle qui n'a plus de dents. »

ن au commencement, comme dans la septième conjugaison, إِنْقِطَاعٌ, « abstinence, » et à la fin غُفْرَانٌ, « pardon. »

ا au commencement : أَسْوَدُ, « noir; » إِغْفَالٌ, « négligence ; » أَلْزَمُ, « qui a les doigts courts, » et à la fin, auquel cas il a devant lui un autre ا quiescent : كِبْرِيَاءُ, « orgueil; » عَاشُورَآءُ, « dixième jour du mois de ramadan. »

س ne sert pas seul à la formation des noms, mais bien avec deux autres lettres, comme dans la dixième conjugaison; exemples : إِسْتِغْفَارٌ, « demande en grâce; » مُسْتَخْرِجٌ, « qui fait sortir. »

CHAPITRE IV.

DU GENRE DES NOMS.

Il y a deux genres, le masculin et le féminin. Sont féminins par leur signification, 1° les noms de femmes et ceux qui ne conviennent qu'à elles; ex. هِنْدٌ, « Hind; » مَرْيَمُ, « Marie; » أُمٌّ, « mère; » عَرُوبٌ, « femme aimant son mari; » 2° les noms de pays et villes; ex. مِصْرُ, « l'Égypte; » قُبْرُوسُ, « Chypre; » مَكَّةُ, « la Mecque; » عَدَنُ, « Aden; » 3° les noms des parties doubles du corps; ex. : يَدٌ, « main; » كَتِفٌ, « épaule; » عَيْنٌ, « œil. »

Les noms féminins par leur terminaison sont : 1° ceux terminés en ة; ex. خُلَّةٌ, « amitié; » جَنَّةٌ, « jardin; » ظُلْمَةٌ, « ténèbres; » صَغِيرَةٌ, « petite; » طَيِّبَةٌ, « bonne; » 2° ceux terminés en ا servile; ex. كِبْرِيَآءٌ, « orgueil; » حَمْرَآءٌ, « *chose* rouge; » 3° ceux terminés en ى servile, quiescent avec la valeur de ا; ex. ذِكْرَى, « souvenir; » أُولَى, « première; » طُولَى, « très-longue. »

A ces noms il faut ajouter : أَرْضٌ, « terre; » بِئْرٌ, « puits; » خَمْرٌ, « vin; » نَارٌ, « feu; » رِيحٌ, « vent; » نَفْسٌ, « âme; » شَمْسٌ, « soleil; » et quelques autres que l'usage apprendra.

Tout le reste est masculin; ex. مُحَمَّدٌ, « Mahomet, » رَجُلٌ, « homme; » نَهْرٌ, « ruisseau; » صَغِيرٌ, « petit; » ainsi qu'un très-petit nombre de mots terminés en ة; ex. خَلِيفَةٌ, « successeur, khalife. »

Mais les noms des lettres, comme أَلِفٌ - بَآءٌ, etc. sont douteux, quoique plus souvent on les fasse féminins; et quelques adjectifs, que la suite fera connaître, sont communs.

On peut rendre féminin un nom masculin, en lui ajoutant une terminaison féminine; cela a surtout lieu pour les substantifs masculins exprimant des choses pourvues de sexe; exemples : رَجُلٌ, « homme, » رَجُلَةٌ, « femme; » فَتًى, « jeune garçon, » فَتَاةٌ, « jeune fille; » مَلِكٌ,

« roi, » مَلِكَةٌ, « reine ; » عَمٌّ, « oncle, » عَمَّةٌ, « tante ; » جَدٌّ, « aïeul, » جَدَّةٌ, « aïeule ; » et pour les adjectifs ; ex. كَبِيرٌ, « grand, » كَبِيرَةٌ, « grande ; » فَرِحٌ, « joyeux, » فَرِحَةٌ, « joyeuse ; » ضَارِبٌ, « frappant, » ضَارِبَةٌ, « frappante ; » كَرِيمٌ, « généreux, » كَرِيمَةٌ, « généreuse. »

On se sert le plus souvent de la première terminaison féminine, sans aucun autre changement, ainsi qu'on le voit dans les exemples donnés ci-dessus.

Les adjectifs de la forme أَنْصَرُ, lorsqu'ils sont positifs, prennent la seconde terminaison, et font au féminin نَصْرَآءُ ; ex. أَصْفَرُ, « jaune, » صَفْرَآءُ.

Les adjectifs de la même forme, comparatifs ou superlatifs, prennent la troisième, et font au féminin نُصْرَى, ex. أَكْبَرُ, « plus grand » ou « très-grand, » كُبْرَى, « plus grande. »

Il en est de même de quelques adjectifs de la forme نَصِيرٌ, comme سَكِيرٌ, « ivre, » سَكْرَى ; ainsi que de أَوَّلٌ, « premier, » أُولَى, « première ; » et آخَرُ, « autre, » أُخْرَى.

La même terminaison, mais avec la forme نَصْرَى, est encore prise par quelques adjectifs de la forme نَصْرَانُ ; ex. غَضْبَانُ, « irrité, » غَضْبَى, « irritée ; » mais أَحَدٌ, « un, » fait au féminin إِحْدَى avec *kesra*.

Cinq formes d'adjectif sont le plus souvent communes

aux deux genres; ce sont : نَصِيرٌ, pris activement; نَصُورٌ, pris passivement; مِنْصَرٌ; مِنْصَارٌ et مِنْصِيرٌ.

Au reste, il est bon de remarquer que les substantifs masculins désignant des objets composés de parties homogènes forment souvent des féminins de la première terminaison qui expriment une de leurs parties; ex. تِبْنٌ, « paille, » تِبْنَةٌ, « un brin de paille; » ذَهَبٌ, « or, » ذَهَبَةٌ, « un morceau d'or, une parcelle d'or. »

CHAPITRE V.

DU NOMBRE.

Il y a trois nombres, le singulier, le duel et le pluriel; exemples :

Singulier : سَارِقٌ, « un voleur; » رَجُلٌ, « un homme. »

Duel : سَارِقَانِ, « deux voleurs; » رَجُلَانِ, « deux hommes. »

Pluriel : سَارِقُونَ, « plusieurs voleurs; » رِجَالٌ, « plusieurs hommes. »

Le duel se forme par l'addition de انِ, sans aucun autre changement, comme on le voit par les exemples donnés.

Cependant le ة féminin se change en ت; exemple : مَدِينَةٌ, « ville, » مَدِينَتَانِ, « deux villes. »

و et ى à la fin des mots, quiescents après *fatha*,

suivant leur troisième règle de permutation, deviennent mobiles ; ex. فَتًى, « enfant, » فَتَيَانِ « deux enfants ; » عَصًا, « bâton, » عَصَوَانِ, « deux bâtons. »

Les noms terminés par ا servile le changent en و ; ex. صَفْرَآءُ, « *chose* jaune, » صَفْرَاوَانِ, « deux *choses* jaunes ; » mais ا radical reste ; ex. جُزْءٌ, « partie, » جُزْآنِ, « deux parties, » à moins qu'il ne soit mis à la place de و ou de ى, suivant la dernière règle de و et ى : car alors on peut indifféremment le conserver ou le changer en و ; exemple : رِدَآءٌ, « vêtement, » رِدَآءَانِ et رِدَاوَانِ.

Le pluriel se forme du singulier de deux manières, régulièrement et irrégulièrement. La première manière s'applique principalement aux noms propres des êtres raisonnables, et aux adjectifs formant leur féminin par l'addition de ة, lorsqu'ils s'appliquent à des êtres raisonnables. Elle consiste à ajouter au masculin وُنَ ; ex.

مُحَمَّدٌ, Mahomet,			مُحَمَّدُونَ
نَاصِرٌ, Aidant,		pluriel,	نَاصِرُونَ
فَرِحٌ, Joyeux,			فَرِحُونَ
نَبِيٌّ, Prophète,			نَبِيُّونَ

et au féminin اتٌ, en supprimant le ة ; exemples :

مَرْيَمُ, Marie,			مَرْيَمَاتٌ
نَاصِرَةٌ, Aidant,		pluriel,	نَاصِرَاتٌ
فَرِحَةٌ, Joyeuse,			فَرِحَاتٌ
نَبِيَّةٌ, Prophétesse,			نَبِيَّاتٌ

car si مُوسَى fait مُوسَوْنَ, et si رَامِى ou رَامٍ fait رَامُونَ, cela a lieu d'après la première règle de و et ى.

Mais les substantifs féminins parfaits (c'est-à-dire ne dérivant pas de verbes imparfaits) de forme simple, ou composée seulement par l'addition de ة, dont la moyenne radicale a *djezma*, le changent au pluriel en une voyelle semblable à celle de la première radicale; exemples :

دَعْدُ, Dàd,	noms de femmes,	دَعَدَاتٌ
جُمْرُ, Djoumr,		جُمُرَاتٌ
هِنْدُ, Hind,		هِنِدَاتٌ
قَصْعَةٌ, Écuelle,		قَصَعَاتٌ
سِدْرَةٌ, Sorte d'arbre,		سِدِرَاتٌ
جُلْبَةٌ, Vent,		جُلُبَاتٌ

Cependant ceux dont la première radicale a *damma* ou *kesra* peuvent aussi conserver le *djezma*, ou le changer en *fatha*.

Le pluriel irrégulier qui s'applique à la plupart des noms ne se forme point par l'addition de ونَ ou de

اَتٌ. Ses formes principales sont au nombre de vingt-deux, savoir :

1.	نُصَرٌ	exemples :	غُرْفَةٌ	, Chambre,	غُرَفٌ
2.	نُصُرٌ		جِدَارٌ	, Muraille,	جُدُرٌ
3.	نُصْرٌ		أَحْمَرُ	, Rouge,	حُمْرٌ
4.	نِصَرٌ		قِرْبَةٌ	, Outre,	قِرَبٌ
5.	نِصَارٌ		رَجُلٌ	, Homme,	رِجَالٌ
6.	نُصُورٌ		بَزْرٌ	, Semence,	بُزُورٌ
7.	نُصَّرٌ		ضَارِبٌ	, Frappant,	ضُرَّبٌ
8.	نَصَرَةٌ		كَامِلٌ	, Parfait,	كَمَلَةٌ
9.	نُصَرَةٌ		رَامٍ	, Jetant,	رُمَاةٌ
10.	نِصَرَةٌ		قِرْدٌ	, Singe,	قِرَدَةٌ
11.	نِصْرَةٌ		غُصْنٌ	, Rameau,	غِصَنَةٌ
12.	أَنْصُرٌ		وَجْهٌ	, Visage,	أَوْجُهٌ
13.	أَنْصَارٌ		مَطَرٌ	, Pluie,	أَمْطَارٌ
14.	أَنْصِرَةٌ		قِلَادَةٌ	, Collier,	أَقْلِدَةٌ
15.	نَوَاصِرُ		طَابَقٌ	, Marmite,	طَوَابِقُ
16.	نَصَايِرُ		شِمَالٌ	, Gauche,	شَمَايِلُ
17.	نِصْرَانٌ		غُلَامٌ	, Enfant,	غِلْمَانٌ
18.	نُصْرَانٌ		سَقْفٌ	, Toit,	سُقْفَانٌ

19.	نُصَرَآءُ	exemples :	شَرِيفٌ	, Noble,	شُرَفَآءُ
20.	أَنْصِرَآءُ		حَبِيبٌ	, Aimé,	أَحِبَّآءُ
21.	نَصْرَى		جَرِيحٌ	, Blessé,	جَرْحَى
22.	نَصَارَى		صَحْرَآءُ	, Plaine déserte,	صَحَارَى

Mais beaucoup de singuliers ont plusieurs formes de pluriel; exemples :

عَيْنٌ	, OEil,	أَعْيُنٌ - أَعْيَانٌ - عُيُونٌ
عَبْدٌ	, Esclave,	عُبْدَانٌ - عُبُودٌ - عِبَادٌ - عَبِيدٌ
بَحْرٌ	, Mer,	أَبْحُرٌ - بُحُرٌ - بِحَارٌ - أَبْحَارٌ
شَاهِدٌ	, Témoin,	شُهُودٌ - شَوَاهِدُ - شَاهِدُونَ
نَفْسٌ	, Ame,	أَنْفُسٌ - نُفُوسٌ
غُلَامٌ	, Enfant,	غِلْمَانٌ - غِلْمَةٌ

Il faut du reste remarquer que les onzième, douzième, treizième et quatorzième formes se nomment pluriels de petite quantité, et ne s'emploient qu'avec les noms de nombre, si toutefois il existe pour leur singulier une autre forme de pluriel; dans le cas contraire, elles s'emploient d'une manière générale comme les autres.

Voilà pour les formes simples de trois radicales. Quant aux formes simples de quatre radicales, à la plupart des formes composées et à leurs féminins, elles forment leur pluriel irrégulier en prenant ا quiescent après la seconde lettre, qui, comme la première, a *fatha*, tandis que la troisième a *kesra*, de sorte qu'il est de la forme قَمَاطِرُ; ex. ضِفْدَعٌ, «grenouille,» ضَفَادِعُ; مَدْخَلٌ, «vestibule,» مَدَاخِلُ. Le ة final, s'il y en a un, disparaît; ex. مَزْبَلَةٌ, «lieu où l'on dépose le fumier,» مَزَابِلُ; et si la dernière lettre est précédée de ا, و ou ى quiescent, cette dernière lettre reste; ex. قِنْدِيلٌ, «lampe,» قَنَادِيلُ; mais si elle est ا ou و, elle se change en ى par l'influence du *kesra* qui la précède; ex. سُلْطَانٌ, «sultan,» سَلَاطِينُ; عُرْقُوبٌ, «talon,» عَرَاقِيبُ; cependant elle disparaît quelquefois, et alors, par compensation, on ajoute ة à la fin; ex. إِبْلِيسٌ, «le diable,» أَبَالِيسُ et أَبَالِسَةٌ; إِسْكَافٌ, «cordonnier,» أَسَاكِيفُ et أَسَاكِفَةٌ; cette même finale s'ajoute aussi quelquefois dans d'autres circonstances; ex. أُسْقُفٌ, «évêque,» أَسَاقِفُ et أَسَاقِفَةٌ.

Cette formation s'applique à certains pluriels composés des mots de trois lettres (car, pour enrichir la langue, il arrive que d'un pluriel on en forme un autre). Ainsi ظُفْرٌ, «ongle,» fait au pluriel أَظْفَارٌ, duquel on forme le second pluriel أَظَافِيرُ: de même de عِرْقٌ, «artère,» on fait عُرُوقٌ, et de ce pluriel عَرَايِقُ; de سِوَارٌ, «bracelet,» أَسْوِرَةٌ, puis أَسَاوِرُ.

On peut aussi ramener facilement à cette forme de

pluriel les formes نَوَاصِرُ et نَصَايِرُ[1] données ci-dessus, ainsi qu'il appert facilement, à la seule inspection. Enfin, quelques mots terminés par une lettre quiescente changent en *fatha* le *kesra* de l'avant-dernière; exemple : عَذَارَى pour عَذَارِى, de عَذْرَى, « vierge. »

Quant aux mots de cinq lettres ou plus (non comptés ة et ا و ى quiescents), ils prennent la même forme, mais en rejetant une ou plusieurs lettres. En effet, les mots de cinq lettres de forme simple rejettent la dernière radicale; exemples : سَفَرْجَلٌ, « coing, » سَفَارِجُ; عَنْكَبُوتٌ, « araignée, » عَنَاكِبُ; et quelquefois l'avant-dernière, en conservant la dernière; exemple : خَزَرْنَقٌ, « araignée, » خَزَارِنُ et خَزَارِقُ; فَرَزْدَقٌ, « morceau, miette, » فَرَازِدُ et فَرَازِقُ. Mais si l'avant-dernière lettre est و ou ى formant diphthongue après *fatha*, elle reste aussi bien que la dernière; mais و se change en ى à cause du *kesra* précédent; ex. فِرْعَوْنٌ, « Pharaon, » فَرَاعِينُ. Pour ceux de forme composée, ils rejettent les lettres serviles; ex. مُدَحْرَجٌ, « lieu du roulement, » دَحَارِجُ : cependant م se conserve lorsqu'il est servile avec ن; exemple : مُنْطَلِقٌ, « rompu, » مَطَالِقُ; ou avec ست; ex. مُسْتَخْرِجٌ, « qui fait sortir, » مَخَارِجُ.

[1] Et نَصَارَى.

REMARQUE SUR PLUSIEURS ANOMALIES.

Il est à remarquer que quelques singuliers empruntent leurs pluriels à d'autres formes inusitées au singulier; ex. أُمٌّ, « mère, » fait أُمَّهَاتٌ, comme de أُمَّهَةٌ; فَمٌ, « bouche, » أَفْوَاهٌ de فُوهٌ; عُثَانٌ, « fumée, » عَوَاثِنُ de عَاثِنٌ; مَآءٌ, « eau, » أَمْوَاهٌ et مِيَاهٌ de مَاهٌ; إِمْرَأَةٌ, « femme, » fait نِسَآءٌ, نِسْوَةٌ et نِسْوَانٌ, etc.

CHAPITRE VI.

DU CAS.

Il y a dans le nombre trois cas : le nominatif ou sujet, le génitif (sous lequel sont compris en même temps le datif et l'ablatif) ou régime des noms et prépositions, et l'accusatif ou régime direct des verbes. Considérés sous ce rapport, les noms sont triptotes ou diptotes. Les triptotes sont ceux dans lesquels ces trois cas sont différenciés par trois terminaisons distinctes. Les diptotes sont ceux dans lesquels le génitif et l'accusatif sont réunis sous la même terminaison, et qui, par conséquent, n'en reconnaissent que deux.

Sont triptotes presque tous les singuliers et les pluriels irréguliers; ils terminent le nominatif en ٌ, le génitif en ٍ, l'accusatif en ً; exemples :

NOM... رَجُلٌ Homme, رِجَالٌ Hommes.

GÉNIT. رَجُلٍ رِجَالٍ

ACCUS. رَجُلًا رِجَالًا

Sont diptotes :

1° Tous les duels : ils ont le nominatif en َانِ, le génitif et l'accusatif en َيْنِ ; ex. رَجُلَانِ, deux hommes, » رَجُلَيْنِ ; مَدِينَتَانِ, « deux villes, » مَدِينَتَيْنِ.

2° Les pluriels masculins réguliers : ils ont le nominatif en ُونَ, le génitif et l'accusatif en ِينَ ; exemple : مُؤْمِنُونَ, « croyants, » مُؤْمِنِينَ.

3° Les pluriels féminins réguliers : ils ont le nominatif en َاتٌ, le génitif et l'accusatif en َاتٍ, exemple : أُمَّهَاتٌ, « mères, » أُمَّهَاتٍ.

4° Les noms que les Arabes nomment invariables, ou qui n'admettent pas la nunnation : ils ont le nominatif en ُ, le génitif et l'accusatif en َ; ex. عُثْمَانُ, « Othman, » عُثْمَانَ ; مَسَاجِدُ, « temples, » مَسَاجِدَ ; أَسْوَدُ, « noir, » أَسْوَدَ.

Or, sont invariables :

1° Les adjectifs, positifs et comparatifs de la forme أَفْعَلُ ; exemples : أَحْمَرُ, « rouge, » أَكْبَرُ, « plus grand, » à moins, ce qui est très-rare, qu'ils ne forment leur féminin en ةٌ, ex. أَرْمَلُ, « veuf, » أَرْمَلَةٌ, « veuve. »

2° Les adjectifs terminés par َانُ servile, qui ne forment pas le féminin par l'addition de ة, ex. غَضْبَانُ, «irrité,» dont le féminin est غَضْبَى.

3° Les noms terminés par ا servile, exemple : صَفْرَآءُ, «*chose* jaune;» ou par ى servile quiescent avec la valeur de ا; ex. ذِكْرَى, «souvenir,» غَضْبَى, «irritée,» قَتْلَى, «tués.»

4° Les pluriels irréguliers des formes نَوَاصِرُ et قَمَاطِيرُ ou قَمَاطِرُ; ex. ضَوَارِبُ, «frappants,» ضَفَادِعُ, «grenouilles,» قَنَادِيلُ, «lampes,» مَدَاخِلُ, «vestibules,» خَزَارِنُ ou خَزَارِقُ, «araignées;» mais ceux dont la dernière radicale est une lettre quiescente sont triptotes comme les autres pluriels irréguliers, à l'exception de ceux qui changent le *kesra* de l'avant-dernière lettre en *fatha*, et qui rentrent dans la présente règle; exemple : عَذَارَى, «vierges,» pour عَذَارِى et عَذَارِىُ.

5° Les noms de pays, îles, villes, villages, montagnes, fleuves, et, en général, tous les noms de lieu; exemples :

مِصْرُ	L'Égypte.	عَكَارُ	Acara.
قُبْرُسُ	Chypre.	دَرَنُ	Déren.
مَكَّةُ	La Mecque.	دِجْلَةُ	Le Tigre.
جِيزَةُ	Gyza.	غُوطَةُ	Grouta.

6° La plupart des noms propres d'hommes, et, entre autres, tous les masculins terminés par انُ, comme

عِمْرَانُ, « Imran, » عُثْمَانُ, « Othman, » et les noms étrangers composés de plus de trois lettres, ex. آدَمُ, « Adam, » إِبْرَهِيمُ, « Abraham, » إِسْحَقُ, « Isaac, » يَعْقُوبُ, « Jacob. » Les noms de femmes terminés par ة; ex. عَائِشَةُ, « Aïcha, » et ceux composés de quatre lettres, زَيْنَبُ, « Zainab, » ou de trois, celle du milieu ayant une voyelle; ex. سَقَرُ, « Saqar, » ou étant précédée de *damma;* exemple : جُورُ, « Djour. » Ceux cependant qui sont composés de trois lettres et ne sont pas terminés par ة, à moins qu'ils ne soient étrangers (dans ce dernier cas, ils sont toujours diptotes), sont tantôt triptotes, tantôt diptotes; exemples :

NOMIN.	سَقَرٌ	GÉNITIF.	سَقَرٍ	ACCUSAT.	سَقَرًا
et NOMIN.	سَقَرُ	GÉNITIF et ACCUSATIF.			سَقَرَ
NOMIN.	دَعْدٌ	GÉNITIF.	دَعْدٍ	ACCUSAT.	دَعْدًا
et NOMIN.	دَعْدُ	GÉNITIF et ACCUSATIF.			دَعْدَ

La même chose arrive aussi quelquefois (surtout en poésie) à certains noms invariables, et, en prose, aux pluriels irréguliers plus fréquemment qu'aux autres mots; comme aussi quelques mots variables ou triptotes deviennent invariables ou diptotes. Mais l'un et l'autre sont rares [1].

On doit considérer dans ces cas l'apocope et la permutation.

[1] D'après Silvestre de Sacy, les noms invariables définis, soit par l'article, soit par un complément substantif, mais non par les affixes, deviennent toujours triptotes.

L'apocope est la suppression du ن, savoir : de la nunnation dans les triptotes, et, parmi les diptotes, dans les pluriels féminins réguliers; et du ن servile dans les duels et les pluriels masculins réguliers. L'apocope a lieu toutes les fois qu'un nom est suivi d'un autre nom au génitif, exemples :

كِتَابٌ, *Livre.*

NOMINATIF... كِتَابُ مُوسَى, Le livre de Moïse.

GÉNITIF...... كِتَابِ مُوسَى

ACCUSATIF... كِتَابَ مُوسَى

كِتَابَانِ, *Deux livres.*

NOMINATIF... كِتَابَا مُوسَى, Les deux livres de Moïse.

GÉN. et ACC. كِتَابَيْ مُوسَى

كُتُبٌ, *Livres.*

NOMINATIF... كُتُبُ مُوسَى, Les livres de Moïse.

GÉNITIF...... كُتُبِ مُوسَى

ACCUSATIF... كُتُبَ مُوسَى

بَنُونَ, *Fils.*

NOMINATIF... بَنُوا ٱللّٰهِ, Les fils de Dieu.

GÉN. et ACC. بَنِي ٱللّٰهِ

Lorsqu'il est suivi d'un pronom possessif affixe :

كِتَابُهُ , Son livre.	كِتَابِهِ	كِتَابَهُ
كِتَابَاهُ ; Ses deux livres.	......	كِتَابَيْهِ
كُتُبُهُ , Ses livres.	كُتُبِهِ	كُتُبَهُ

La nunnation disparaît aussi lorsque le nom est précédé ou suivi de l'article; exemple :

اَلْبَابُ , La porte.	اَلْبَابِ	اَلْبَابَ
بَابُ ٱلصَّغِيرِ , La petite porte[1].	بَابِ ٱلصَّغِيرِ	بَابَ ٱلصَّغِيرِ

Mais أَبٌ, «père;» أَخٌ, «frère;» حَمٌ, «beau-père,» lorsqu'ils perdent ainsi leur nunnation, prennent à sa place (à moins qu'ils ne soient suivis de l'affixe ى), au nominatif و, au génitif ى, à l'accusatif ا quiescents; exemples :

هُوَ أَبُو دَاوُدَ. Il est le père de David.

مِنْ أَبِي دَاوُدَ, Du père de David.

رَأَيْتُ أَبَا دَاوُدَ, J'ai vu le père de David.

أَبُوكَ , Ton père.	أَبِيكَ	أَبَاكَ

De même ذُو, «possesseur,» construit avec un régime (et il ne s'emploie jamais autrement), a pour génitif ذِي, et pour accusatif ذَا; et فَمٌ, «bouche,» fait

[1] Voir la note de la page 114.

au génitif فِي (même avec l'affixe ى), et à l'accusatif فَا.

La permutation est le changement d'un nominatif en accusatif, ce qui arrive au sujet d'une proposition lorsqu'il est précédé des particules suivantes :

إِنَّ, Car.	لَاكِنَّ, Mais.
أَنَّ, Que.	لَيْتَ, Plaise à Dieu.
كَأَنَّ, Comme.	لَعَلَّ, Peut-être.

ex. إِنَّ مُحَمَّدًا يَقُومُ, « car Mahomet est debout ; » عَلِمُوا أَنَّ ٱلْمَلِكَ قَدِيرٌ, « on sait que le roi est puissant. »

Mais il faut qu'il n'y ait rien entre deux, si ce n'est quelquefois une préposition et son régime ; ex. إِنَّ فِي ٱلدَّارِ رَجُلًا, « car il y a un homme dans la maison. »

De même لَا, « il n'y a pas, » précédant immédiatement un nom commun[1], lui fait prendre, au lieu de la terminaison du nominatif, celle de l'accusatif, mais sans nunnation ; ex. لَا رَيْبَ فِيهِ, « il n'y a pas de doute en lui. » Mais répété, il influe à volonté sur l'un ou l'autre des deux noms, ou sur les deux ; exemples :

لَا حَوْلَ وَلَا قُوَّةَ
لَا حَوْلَ وَلَا قُوَّةٌ
لَا حَوْلٌ وَلَا قُوَّةٌ
لَا حَوْلٌ وَلَا قُوَّةَ
} إِلَّا بِٱللَّهِ — Il n'y a de puissance et de force qu'en Dieu.

[1] Et non défini par construction.

DU VOCATIF.

Le vocatif se rend par l'accusatif; ex. يَا رَجُلًا, « ô homme; » يَا عَبْدَ ٱللّٰهِ, « ô serviteur de Dieu; » à moins qu'il ne s'agisse d'un nom propre, ou bien d'un nom commun, soit défini par l'article, soit posé d'une manière absolue, c'est-à-dire exprimant un objet que celui qui appelle voit : dans ce cas il se rend par le nominatif, mais sans nunnation; ex. يَا مُحَمَّدُ, « ô Mahomet; » يَاأَيُّهَا ٱلنَّاسُ, « ô hommes; » يَا رَجُلُ, « ô toi, homme » (c'est-à-dire, « toi que je vois »); يَا رَجُلَانِ, « ô vous deux, hommes; » يَا نَبِيُّونَ, « ô vous, prophètes. »

L'adjectif relatif au vocatif, ou le substantif qui lui est joint par une conjonction copulative, se mettent indifféremment au nominatif ou à l'accusatif, à moins qu'il n'y ait un affixe, car alors on doit employer l'accusatif.

Mais quand au vocatif on doit joindre *mon* ou *mes*, cela se fait régulièrement par l'emploi de l'affixe ى; ex. يَا غُلَامِى, « ô mon enfant. » Mais au lieu de أَبِى, « ô mon père; » أُمِّى, « ô ma mère; » on dit quelquefois أَبَتَ ou أَبَتِ, et أُمَّتَ ou أُمَّتِ, ce qui est tout à fait spécial.

CHAPITRE VII.

DES DEGRÉS DE COMPARAISON.

Le comparatif se forme du positif par l'addition de ا, et est de la forme أَفْعَلُ ; ex. حَسَنٌ, « bon, » أَحْسَنُ, « meilleur ; » صَغِيرٌ, « petit, » أَصْغَرُ, « moindre ; » حَبِيبٌ, « cher, » أَحَبُّ, « plus cher. » Il prend après lui مِنْ ; ex. أَعْظَمُ مِنَ ٱلْمَلِكِ, « plus grand que le roi. » S'il est placé d'une manière absolue ou avec un régime, il exprime le superlatif ; ex. ٱللّٰهُ أَعْلَمُ, « Dieu est très-savant ; » أَحْسَنُ ٱلنَّاسِ, « le meilleur des hommes. »

CHAPITRE VIII.

DES NOMS DE NOMBRE.

Nous traiterons ici des noms de nombre, parce qu'ils offrent quelques particularités. Ils sont de deux sortes : les noms de nombre cardinaux, et les ordinaux.

Les cardinaux sont :

FÉMININ.	MASCULIN.		
إِحْدَى	أَحَدٌ	1.	١
إِثْنَتَانِ	إِثْنَانِ	2.	٢

FÉMININ.	MASCULIN.		
ثَلَاثٌ	ثَلَاثَةٌ	3.	٣
أَرْبَعٌ	أَرْبَعَةٌ	4.	٤
خَمْسٌ	خَمْسَةٌ	5.	٥
سِتٌّ	سِتَّةٌ	6.	٦
سَبْعٌ	سَبْعَةٌ	7.	٧
ثَمَانٍ	ثَمَانِيَةٌ	8.	٨
تِسْعٌ	تِسْعَةٌ	9.	٩
عَشْرٌ	عَشَرَةٌ	10.	١٠

COMMUN.

ثَمَانُونَ	80.	٨٠	عِشْرُونَ	20.	٢٠
تِسْعُونَ	90.	٩٠	ثَلَاثُونَ	30.	٣٠
مِائَةٌ et مِئَةٌ	100.	١٠٠	أَرْبَعُونَ	40.	٤٠
مِائَتَانِ et مِئَتَانِ	200.	٢٠٠	خَمْسُونَ	50.	٥٠
أَلْفٌ	1000.	١٠٠٠	سِتُّونَ	60.	٦٠
أَلْفَانِ (1)	2000.	٢٠٠٠	سَبْعُونَ	70.	٧٠

Les deux premiers nombres forment régulièrement leur féminin : les huit suivants sont masculins sous une

[1] La manière d'écrire les nombres à l'aide des chiffres est la même qu'en Europe; ex. ١٨٤٣, 1843; ٢٠٥٠, 2050 : le point arabe a la valeur du zéro des peuples européens.

terminaison féminine, et réciproquement, et tout le reste est commun. Ceux qui sont terminés par ن sont diptotes comme tous les autres duels et pluriels réguliers; les autres sont triptotes.

Le reste se forme de ceux-ci, en mettant toujours le plus petit nombre devant le plus grand, et cela sans conjonction copulative, jusqu'à vingt; exemples :

FÉMININ.	MASCULIN.	
إِحْدَى عَشْرَةَ	أَحَدَ عَشَرَ	11.
إِثْنَتَا عَشْرَةَ	إِثْنَا عَشَرَ	12.
ثَلَاثَ عَشْرَةَ	ثَلَاثَةَ عَشَرَ	13.
أَرْبَعَ عَشْرَةَ	أَرْبَعَةَ عَشَرَ	14.

et ainsi de suite, de sorte que dans cette composition عَشَرَ soit régulièrement masculin, et عَشْرَةَ féminin, et que les deux noms se terminent par un simple *fatha*, et cela à tous les cas, excepté إِثْنَا عَشَرَ et إِثْنَتَا عَشْرَةَ, dont le génitif est إِثْنَيْ عَشَرَ et إِثْنَتَيْ عَشْرَةَ; à partir de vingt, on intercale une conjonction sans aucun changement; exemples :

أَحَدًا وَعِشْرِينَ ـ أَحَدٍ وَعِشْرِينَ ـ أَحَدٌ وَعِشْرُونَ

et ainsi de suite.

Les nombres ordinaux ne diffèrent des cardinaux que pour les dix premiers, et sont :

FÉM.	MASC.		FÉM.	MASC.	
سَادِسَة	سَادِس	Sixième.	أُولَى	أَوَّل	Premier.
سَابِعَة	سَابِع	Septième.	ثَانِيَة	ثَانٍ	Deuxième.
ثَامِنَة	ثَامِن	Huitième.	ثَالِثَة	ثَالِث	Troisième.
تَاسِعَة	تَاسِع	Neuvième.	رَابِعَة	رَابِع	Quatrième.
عَاشِرَة	عَاشِر	Dixième.	خَامِسَة	خَامِس	Cinquième.

COMMUN.

عِشْرُونَ Vingtième. ثَلَاثُونَ Trentième.

et ainsi de suite pour les autres dizaines.

Le reste se compose à peu près de la même manière que les nombres cardinaux; exemples :

FÉM.	MASC.	
حَادِيَةَ عَشْرَةَ	حَادِيَ عَشَرَ	Onzième.
ثَانِيَةَ عَشْرَةَ	ثَانِيَ عَشَرَ	Douzième.
ثَالِثَةَ عَشْرَةَ	ثَالِثَ عَشَرَ	Treizième.

et de même pour les autres, qui tous ont *fatha* pour terminaison unique :

FÉM.	MASC.	
حَادِيَةٌ وَعِشْرُونَ	حَادِي وَعِشْرُونَ	Vingt et unième.

et ainsi de suite.

Toutefois le nombre ordinal se remplace par le nombre cardinal quand l'objet auquel il s'applique n'est pas déterminé.

CHAPITRE IX.

DU PRONOM.

Les pronoms tiennent la place du nom; ils sont ou séparés ou affixes. Les pronoms séparés sont de trois sortes : personnels, démonstratifs et relatifs; ils varient en genre et en nombre comme les noms, mais ne connaissent pas de cas, si ce n'est les duels des pronoms démonstratifs et relatifs, qui sont diptotes comme les noms.

Les pronoms personnels sont :

Parmi ces pronoms, ceux qui appartiennent à la troisième personne se mettent souvent au lieu du verbe substantiel d'une personne quelconque.

Le pronom démonstratif pour un objet rapproché est ذَا, « celui-ci ; » il se décline ainsi :

PLURIEL.	DUEL.	SINGULIER.
أُولَاءِ *com.*	ذَانِ *masc.*	ذَا *masc.*
Ceux *ou* celles-ci.	Ces deux-ci.	Celui-ci.
	تَانِ *fém.*	ذِهِ et تَا *fém.*
		Celle-ci.

Il désigne un objet éloigné lorsqu'on lui ajoute كَ, de cette manière :

PLURIEL.	DUEL.	SINGULIER.
أُولَائِكَ *com.*	ذَانِكَ *masc.*	ذَالِكَ et ذَاكَ *masc.*
Ceux *ou* celles-là.	Ces deux-là.	Celui-là.
	تَانِكَ *fém.*	تِلْكَ et تَاكَ *fém.*
		Celle-là.

L'un et l'autre reçoivent souvent au commencement هَا, dont cependant, par abréviation, le ا ne s'écrit pas d'ordinaire, mais se remplace par *fatha* écrit perpendiculairement (ce qui arrive aussi très-souvent à ذَا devant ل, et à d'autres mots ayant ا quiescent), de cette manière :

PLURIEL.	DUEL.	SINGULIER.
هٰؤُلَاءِ	هٰذَانِ	هٰذَا
	هٰتَانِ	هٰذِهِ

Le pronom relatif est اَلَّذِى, « qui, lequel, » composé de l'article اَلْ et de لَذِى ; il se décline de la manière suivante :

PLURIEL.	DUEL.	SINGULIER.
اَلَّذِينَ	اَللَّذَانِ	اَلَّذِى
اَللَّاتِى	اَللَّتَانِ	اَلَّتِى

Au reste, ce pronom relatif n'admet pas devant lui de lettres serviles, à l'exception de و ل ك ن, et s'emploie très-rarement en régime. On y supplée de la manière suivante : au lieu de بِٱلَّذِى, « par lequel, » on dit اَلَّذِى بِهِ ; au lieu de مِنَ ٱلَّذِى, « duquel, » on dit اَلَّذِى مِنْهُ ; au lieu de اَلَّذِى رَأَيْتُ, « que j'ai vu, » on dit اَلَّذِى رَأَيْتُهُ.

On considère aussi comme pronoms relatifs, mais renfermant en eux-mêmes leur antécédent, مَنْ, « celui qui, ceux qui, quiconque, » et مَا, « ce que, quelque chose que; » le premier s'applique aux personnes, le second aux choses, et tous deux sont souvent interrogatifs.

Quant à أَىٌّ, « quel, » c'est un substantif interrogatif, et il régit l'autre substantif au génitif; ex. أَىُّ كِتَابٍ, « quel livre? »

Les affixes joints aux noms expriment la possession et représentent nos pronoms possessifs : avec les verbes, ils expriment le plus souvent le régime direct; quelquefois cependant le datif, surtout lorsque suit un autre accusatif. Ce sont :

SINGULIER.

1re personne.	2e personne.	3e personne.
ىِ *com.*	كَ *masc.*	هُ *masc.*
Moi.	Toi.	Lui.
	كِ *fém.*	هَا *fém.*
	Toi.	Elle.

DUEL.

	كُمَا *com.*	هُمَا *com.*
	Vous deux.	Eux *ou* elles deux.

PLURIEL.

نَا *com.*	كُمْ *masc.*	هُمْ *masc.*
Nous.	Vous.	Eux.
	كُنَّ *fém.*	هُنَّ *fém.*
	Vous.	Elles.

On emploie نِى au lieu de ىِ avec les verbes et avec les particules terminées par ن. Ils ne changent jamais, seulement هُنَّ - هُمْ - هُمَا - هُ changent *damma* en *kesra* lorsqu'ils sont précédés immédiatement par un *kesra*, ex. مِن رَبِّهِ; ou par ى privé de voyelle; ex. فِيهِ, « dans lui ; » عَلَيْهِ, « sur lui; » et ى au lieu de *kesra* devant lui, prend *fatha* sur lui lorsqu'il est joint à un mot terminé par une des lettres ا و ى privée de voyelle; ex. خَطَايَا, « péchés, » خَطَايَاىَ, « mes péchés; » غُلَامَانِ, « deux enfants, » غُلَامَاىَ, « mes deux enfants; » غُلَامَيْنِ, « de deux enfants, » غُلَامَىَّ, « de mes deux enfants; »

مُسْلِمِينَ, « des fidèles, » مُسْلِمِيَّ, « de mes fidèles ; » et de même aussi, de مُسْلِمُونَ on a مُسْلِمِيَّ, suivant la cinquième règle de ى : عَصًا, « bâton, » عَصَايَ, « mon bâton ; » رَامٍ, « archer, » رَامِيَّ, « mon archer ; » il disparaît quelquefois après *kesra*, et fréquemment au vocatif ; ex. رَبِّ, « mon seigneur, » et presque toujours lorsque précède un autre ى provenant de *hamza*, ex. أَحِبَّايَ, « mes amis ; » آبَايَ, « mes pères ; » de même نِى se remplace par نِ ; ex. أُنْصُرُونِ, « aidez-moi. »

Ils n'apportent aucun changement aux mots, si ce n'est que :

Dans les noms, ils font disparaître le ن, marque du cas, ainsi qu'il a été dit plus haut, et, de plus, ى la dernière voyelle ; ex. يَدٌ, « main ; » يَدِى, « ma main ; » ils changent le ة féminin en ت ; ex. عَمَّةٌ, « tante ; » عَمَّتُكَ, « ta tante ; » et *hamza* final en و ou ى, suivant la première règle de ا.

Dans les verbes, ils chassent le ا muet après و ; ex. نَصَرُوا, « ils aidèrent ; » نَصَرُونَا, « ils nous aidèrent ; » et ils ajoutent و à la terminaison تُمْ ; ex. نَصَرْتُمْ, « vous aidâtes ; » نَصَرْتُمُوهُ.

Dans les uns et les autres, ils laissent indifféremment subsister ou changent en ا quiescent le ى final quiescent après *fatha*, avec la valeur de ا ; ex. رَمَى, « il a jeté;» رَمَاهُ et رَمَيَهُ, «il l'a jeté;» فَتًى, «enfant;» فَتَاهُ et فَتَيَهُ, «son enfant.» Dans les particules, ce ى forme diphthongue; ex. إِلَى, «vers;» إِلَيْهِ, «vers lui.»

Les affixes peuvent aussi, avec les verbes, s'employer séparément, en leur préposant إِيَّا [1]; ex. إِيَّاكَ, إِيَّاىَ, etc. ضَرَبَكَ et ضَرَبَ إِيَّاكَ, «il t'a frappé.»

Les pronoms réciproques se rendent par le mot نَفْسٌ avec les affixes; ex. أَحْبَبْتُ نَفْسِى, «je me suis aimé» (comme si l'on disait: «j'ai aimé mon âme»); أَحْبَبْتُمْ أَنْفُسَكُمْ, «vous vous êtes aimés vous-mêmes,» etc. Il est extrêmement rare qu'on emploie l'affixe simple, comme أَحِبُّنِى, «je m'aime [2].»

[1] Cela, toutefois, n'a lieu qu'en parlant des êtres raisonnables.

[2] On emploie au même usage les mots عَيْنٌ et ذَاتٌ.

LIVRE QUATRIÈME.

DES PARTICULES.

CHAPITRE PREMIER.

DES PARTICULES PRÉFIXES.

Les particules sont indéclinables; elles sont ou préfixes, c'est-à-dire constamment accolées au commencement d'autres mots, ou séparées. Les préfixes sont les huit lettres ا ب ت س ف ك ل و.

أ est marqué de *fatha*, et est la marque de l'interrogation; ex. أَمَاتَ, « est-il mort? » أَفِي, « est-ce dans? » أَأَنْتَ, « est-ce toi? » Il sert aussi à appeler un objet rapproché; ex. أَيُوسُفُ, « ô Joseph! »

ب est toujours marqué de *kesra*. 1° Il signifie *dans*; ex. بِٱلْمَسْجِدِ, « dans le temple. » 2° Il sert à désigner l'instrument; ex. كَتَبْتُ بِقَلَمٍ, « j'ai écrit avec une plume. » 3° Il signifie *avec* lorsqu'il est joint aux verbes d'arrivée et de départ, qui se rendent alors par *amener, apporter, emmener, emporter;* ex. أَتَوْا بِكِتَابٍ, « ils ont apporté un livre; » ذَهَبُوا بِٱلْفَتَى, « ils ont emmené l'enfant. » 4° Il signifie *à cause de, en faveur de;* exemple : بِدُخُولِكَ, « à cause de ton entrée. » 5° Il est la marque du serment, et signifie *par;* ex. بِٱللَّهِ, « par Dieu; » بِٱلْأَرْضِ, « par la terre. » 6° Par une tournure d'affirmation et presque de serment, on dit : ٱللَّهُ بِقَدِيرٍ, « Dieu est puissant ; » أَنَا بِمُؤْمِنٍ, « je suis croyant. » 7° Il sert particulièrement à la construction des verbes; ex. مَرَّ بِي, « il a passé auprès de moi, il m'a dépassé, il m'est arrivé. »

ت est une forme de serment, et ne se met que devant le mot ٱللَّهُ avec *fatha :* تَٱللَّهِ, « par Dieu. »

س marqué de *fatha* se met devant le futur; il signifie *après*, et restreint la signification du verbe au futur. Voyez page 24.

ف est marqué de *fatha*, et signifie *et alors*, *ensuite;* il indique la succession immédiate de ce qui le suit par rapport à ce qui le précède, et, en cela, diffère de ثُمَّ. Cependant, au commencement d'une phrase ou dans le cours d'une période, il est souvent redondant et complétif. Il comporte une sorte d'emphase élégante, et pourra souvent se rendre par *donc*, lorsqu'il précédera l'impératif.

ك est aussi marqué de *fatha*, et signifie *comme*, *ainsi que;* il régit le génitif, et n'admet pas les affixes; ex. كَرَجُلٍ, « comme un homme. »

ل 1° est la marque du datif; il gouverne le génitif et prend *kesra;* ex. لِرَبٍّ, « à un seigneur. » Cependant, avec les affixes, il prend *fatha;* ex. لَكَ, « à toi. » 2° Il signifie *pour, à cause de*, avec *kesra;* ex. ضَرَبْتُهُ لِكَذِبِهِ, « je l'ai frappé pour son mensonge. » 3° Il veut dire *pour, afin de;* ex. ضَرَبْتُهُ لِلتَّأْدِيبِ, « je l'ai frappé pour l'instruire. » 4° Il exprime le serment admiratif; ex. لِلّٰهِ, « par Dieu. » 5° Il sert à appeler du secours; ex. يَا لَزَيْدٍ, « au secours, Zaïd : » il prend alors *fatha*. 6° Marqué aussi de *fatha*, il s'emploie élégamment par pléonasme, sans changer en rien les mots qu'il précède, surtout quand on le met devant un attribut dont le sujet est précédé de إِنَّ ; ex. إِنَّ ٱللّٰهَ لَقَدِيرٌ, « car Dieu est puissant; » إِنَّ ٱللّٰهَ لَفِي ٱلسَّمَآءِ, « car Dieu est au ciel; » إِنَّ ٱللّٰهَ لَيُحِبُّ ٱلْمُؤْمِنِينَ, « car Dieu aime les croyants. » 7° Il se met avec *fatha* devant le prétérit, et le change en optatif. 8° Avec *kesra*, il se met devant le futur, et alors forme l'impératif et entraîne l'apocope, ou signifie *afin que*, et exige l'antithèse. (Voy. p. 28 et 30.) 9° Il sert particulièrement de régime aux verbes; ex. رَدِفَ لَكُمْ pour رَدِفَكُمْ, « il vous a suivis. »

و prend *fatha* et est : 1° conjonction copulative signifiant *et, aussi*, mais ne renfermant aucune idée d'ordre comme ف ; 2° particule de serment, et régit le génitif; ex. وَٱللّٰهِ, « par Dieu ; » 3° il signifie *avec* et régit l'accusatif; ex. جَآءَ ٱلْأَمِيرُ وَٱلْجَيْشَ, « le prince est venu avec l'armée. »

APPENDICE.

م et ع paraissent aussi être serviles dans مِمَّا et عَمَّا pour مِنْ مَا et عَنْ مَا.

CHAPITRE II.

DES PARTICULES SÉPARÉES.

Les particules séparées peuvent se diviser en adverbes, conjonctions, prépositions et interjections : toutes sont invariables; il faut seulement observer que, 1° quelques noms à l'accusatif deviennent adverbes; exemples : غَدٌ, « lendemain, » غَدًا, « demain; » حَكِيمٌ, « sage, » حَكِيمًا, « sagement, » أَلْيَوْمُ, « le jour présent, » أَلْيَوْمَ, « aujourd'hui; » 2° les noms كَمْ et كَأَيِّنْ, « combien, » et كَذَا, « ainsi, » sont invariables comme les particules; ce qui arrive aussi aux noms exprimant les sons et cris d'animaux, et à un petit nombre d'autres ayant la valeur de prétérits ou d'impératifs; ex. غَاقِ, « croassement; » هَاتِ, « donne, apporte[1]; » نَزَالِ, « descends. »

[1] C'est par erreur qu'Erpénius cite هَاتِ comme invariable : il fait au féminin هَاتِي, au duel هَاتِيَا, au pluriel masculin هَاتُوا, et au pluriel féminin هَاتِينَ.

LIVRE CINQUIÈME.

DE LA SYNTAXE.

CHAPITRE PREMIER.

DE LA SYNTAXE DES NOMS.

L'accord du substantif avec l'adjectif, du relatif avec l'antécédent et du sujet avec le verbe, est en arabe le même que dans les autres langues; il y a seulement à observer que : 1° le pluriel n'exprimant pas des êtres raisonnables se construit élégamment comme un singulier féminin; ex. جَنَّاتٌ تَجْرِى مِنْ تَحْتِهَا ٱلْأَنْهَارُ, « des jardins sous lesquels coulent les ruisseaux, » où les singuliers féminins هَا et تَجْرِى sont construits avec les pluriels جَنَّاتٌ et أَنْهَارٌ; 2° devant les pluriels des substantifs exprimant des êtres raisonnables, le verbe se met élégamment au singulier, avec le même genre d'ordinaire, s'il est au prétérit, mais souvent avec un genre différent, s'il est au futur; ex. قَالَ ٱلنَّاسُ, « les hommes ont dit; » يَقُولُ et تَقُولُ ٱلْحُكَمَآءُ, « les sages disent; » mais si le verbe suit, les choses restent dans l'ordre; ex. اَلنَّاسُ قَالُوا وَيَقُولُونَ, « les hommes ont dit et disent. » Il en est de même du duel. 3° L'adjectif joint à un vocatif ou à un nom affecté par le mot لَا ne s'accorde pas toujours en cas avec son substantif. Au reste, l'adjectif et le substantif constituant un même membre de phrase, c'est-à-dire appartenant tous deux soit au sujet, soit à l'attribut, doivent s'accorder sous le rapport de la détermination ou du vague dans la signification, c'est-à-dire que, si le substantif a une signification déterminée de sa nature ou par construction, l'adjectif doit prendre l'article, et ne le prend pas quand le substantif est indéterminé; ex. كِتَابٌ عَظِيمٌ, « grand livre; » اَلْكِتَابُ ٱلْعَظِيمُ, « le grand livre; » إِبْرٰهِيمُ ٱلْأَمِينُ, « le fidèle Abraham; » أَبِي ٱلْكَرِيمُ أَرْسَلَ إِلَيَّ هٰذِهِ ٱلرِّسَالَةَ, « mon honorable père m'a envoyé cette lettre. » Mais, s'ils ne constituent pas le même membre de phrase, cela n'a plus lieu; ex. أَللّٰهُ قَدِيرٌ, « Dieu est puissant; » هٰذَا كِتَابٌ, « ceci est un livre. »

Mais le substantif commun qui, par l'adjonction d'un adjectif, constitue un nom propre rejette l'article; ex. بَابُ ٱلصَّغِيرِ, « la petite porte, » nom d'une des portes de Damas; بَيْتُ ٱلْمُقَدَّسِ, « la maison sanctifiée, » c'est-à-dire, « Jérusalem[1]. »

Un substantif régit un autre substantif au génitif; ex. يَدُ ٱلْإِنْسَانِ « la main de l'homme; » إِبْنُ مَرْيَمَ, « le fils de

[1] D'après Silvestre de Sacy, Erpénius est tombé ici dans l'erreur, et l'on doit dire, en employant le génitif, بَابُ ٱلصَّغِيرِ, بَيْتُ ٱلْمَقْدِسِ.

Marie ; » كُوسُ ذَهَبٍ, « coupe d'or, » c'est-à-dire, en or; كُلُّ إِنْسَانٍ, « la totalité d'homme, » c'est-à-dire, « tout homme. »

EXCEPTION.

Mais le nom de poids et de mesure gouverne l'objet mesuré ou pesé à l'accusatif; ex. قَفِيزٌ شَعِيرًا, « un boisseau d'orge; » رَطْلٌ زَيْتًا, « une livre d'huile. »

REMARQUE 1.

Quelques substantifs, après avoir pris un affixe se rapportant à un substantif précédent, deviennent en quelque sorte adjectifs, et se construisent comme eux; ex. نَفْسٌ, « âme, » joint avec un affixe à un autre substantif, a la signification de « lui-même, elle-même, » etc. et كُلٌّ, « totalité, » celle de « tout entier; » et ils s'accordent avec le substantif précédent; ex. اَلْحَبِيبُ نَفْسُهُ, « l'ami lui-même, » comme si l'on disait « l'ami son âme; » حَبِيبًا نَفْسَهُ ; خُبْزٌ كُلُّهُ, « un pain entier, » خُبْزٍ كُلِّهِ, etc.

REMARQUE 2.

Les nombres cardinaux, sous le rapport du régime, sont substantifs, et par suite, de trois à dix, et au-dessus de quatre-vingt-dix-neuf, régissent l'objet compté au génitif comme les autres substantifs; mais les premiers veulent après eux le pluriel, les seconds le singulier;

ex. ثَلَاثُ جَارِيَاتٍ, « trois jeunes filles; » أَرْبَعَةُ رِجَالٍ, « quatre hommes, » مِايَةُ رَجُلٍ, « cent hommes; » أَلْفُ دِينَارٍ, « mille dinars. » Les autres, entre dix et cent, régissent l'accusatif singulier comme les substantifs de poids et mesure; ex. خَمْسَةَ عَشَرَ دِرْهَمًا, « quinze drachmes; » عِشْرُونَ ذِيبًا, « vingt loups, » etc. (Cette construction est suivie par كَأَيِّنْ كَمْ et كَذَا; ex. كَمْ دِرْهَمًا, « combien de drachmes? » كَأَيِّنْ رَجُلًا, « combien d'hommes? » S'il y a une préposition, on emploie le génitif : بِكَمْ دِرْهَمٍ, « avec ou pour combien de drachmes? » كَأَيِّنْ مِنْ رَجُلٍ, « combien d'hommes ? ») Mais, sous le rapport de l'accord, ils sont adjectifs, et les masculins s'emploient avec les substantifs masculins, les féminins avec les substantifs féminins, et les communs avec les uns et les autres. Quelquefois même ils se placent après les substantifs comme les autres adjectifs.

CHAPITRE II.

DE LA SYNTAXE DES VERBES.

Les verbes substantiels et appellatifs prennent après eux l'accusatif; ex. أَللّٰهُ كَانَ قَدِيرًا, « Dieu est puissant; » زَيْدٌ صَارَ غَنِيًّا, « Zéide est devenu riche; » إِبْنُهُ يُسَمَّى مُحَمَّدًا, « son fils s'appelle Mahomet, » etc. La même chose arrive quelquefois, quoique le verbe substantiel soit supprimé, lorsque le sujet a devant lui مَا ou لَا, « non. »

La plupart des verbes actifs régissent l'accusatif, beaucoup le génitif, avec une des prépositions بِ, لِ, عَنْ, عَلَى, فِي, مِنْ, إِلَى, ce qui doit s'apprendre par l'usage et dans les dictionnaires.

Quelques verbes ont tellement besoin d'une préposition, qu'ils exigent son emploi même quand ils ne sont pas suivis d'un nom; ex. لَا أَقْدِرُ عَلَى أَنْ أَقُولَ, « je ne puis sur que je dise, » c'est-à-dire, « je ne puis dire. »

L'instrument se rend par le génitif précédé de la préposition بِ; le mouvement vers une chose par إِلَى et فِي, loin d'une chose, par عَنْ et مِنْ. Mais remarquez que les verbes qui expriment la venue peuvent se construire avec l'accusatif sans préposition; exemples : جَاءَنِي, « il est venu à moi; » أَتَيْتُكَ, « je suis venu vers toi, » pour جَاءَ إِلَيَّ, أَتَيْتُ إِلَيْكَ.

Aux demandes « quand, pendant combien de temps, » on répond par l'accusatif; à « en, dans combien de temps, » par le génitif précédé de فِي.

La manière dont une chose se fait se rend par l'accusatif du participe actif; ex. جَاءَ رَاكِبًا, « il est venu à cheval; » يَأْكُلُ وَاقِفًا, « il mange debout, » صَرَخَ نَائِمًا « il a crié en dormant. »

Le but, la fin, s'expriment par l'accusatif du nom verbal; ex. ضَرَبْتُهُ تَأْدِيبًا, « je l'ai frappé pour l'instruire. »

« Quant à, sous le rapport de, » se rendent, en arabe, par l'accusatif simple; ex. طَابَ إِسْحَاقُ نَفْسًا, « Isaac est bon, quant à l'âme; » لَا مَاتَ يَسُوعُ إِلَاهِيَّةً بَلْ مَاتَ إِنْسَانِيَّةً, « Jésus n'est pas mort sous le rapport de sa nature divine, mais il est mort sous le rapport de sa nature humaine. »

L'infinitif ajouté à son verbe ou à un autre de même signification pour donner plus de force à l'expression, est un accusatif; ex. ضَرَبْتُهُ ضَرْبًا, « je l'ai frappé en le frappant, » ou d'un coup; قُمْتُ وُقُوفًا, « je me suis levé debout. »

Et dans toutes ces locutions, la terminaison de l'accusatif paraît donner au nom la signification adverbiale.

Pour rendre notre infinitif, on emploie le nom verbal; ex. أُرِيدُ ضَرْبًا, « je veux frapper; » لَا أَقْدِرُ عَلَى ٱلضَّرْبِ, « je ne puis frapper; » ou le futur avec ou sans أَنْ, ex. أُرِيدُ أَسْمَعُ et أُرِيدُ أَنْ أَسْمَعَ, « je désire entendre. »

Les verbes exprimant la croyance, l'opinion, prennent élégamment un double accusatif; exemples : ظَنَنْتُ أَبَاكَ غَنِيًّا, « je pense que ton père est riche; » عَلِمْتُ زَيْدًا بَخِيلًا, « je sais Zéide avare. »

CHAPITRE III.

DE LA SYNTAXE DES PARTICULES.

Les conjonctions joignent des cas semblables; le contraire a pourtant lieu quelquefois lorsque le premier nom est un vocatif, ou lorsque c'est un nominatif avec la terminaison de l'accusatif.

Toutes les prépositions, soit accolées aux noms, soit séparées, gouvernent le génitif; ex. فِي بَيْتٍ, « dans une maison; » بِبَيْتٍ, *idem;* لِلّٰهِ, « à Dieu, » تَحْتَ مَائِدَةٍ, « sous une table, » etc.

Mais, par exception, خَلَا, عَدَا, حَاشَا, gouvernent souvent aussi l'accusatif; exemples : قَامَ ٱلْقَوْمُ خَلَا زَيْدٍ et زَيْدًا, « le peuple s'est levé, excepté Zéide. »

Quant à إِلَّا, quand la phrase est affirmative, elle régit l'accusatif; ex. غَرِقَ ٱلنَّاسُ إِلَّا نُوحًا, « les hommes ont été noyés, excepté Noé. » Si elle est négative, et que le nom dont se fait l'exception soit sous-entendu, l'exception prend le cas du nom sous-entendu; exemples : مَا قَامَ إِلَّا زَيْدٌ, « il ne s'est levé que Zéide; » مَا رَأَيْتُ إِلَّا نُوحًا, « je n'ai vu que Noé. » Mais, si ce nom est exprimé, l'exception se met indifféremment au même cas que lui ou à l'accusatif; ex. مَا قَامَ أَحَدٌ إِلَّا نُوحٌ et إِلَّا نُوحًا, « personne ne s'est levé, si ce n'est Noé. »

Pour غَيْرٌ سُوًى سِوًى et سَوَآءٌ, elles gouvernent toujours régulièrement le génitif; mais elles-mêmes changent leur terminaison de la même manière que le nom excepté par le moyen de إِلَّا; car, dans une phrase affirmative, elles se terminent par *fatha;* dans une phrase négative, par la même voyelle que le mot précédent[1], ou par *fatha* encore s'il est exprimé; ex. خَرَجَ ٱلْقَوْمُ غَيْرَ زَيْدٍ, « le peuple est sorti, excepté Zéide; » مَا خَرَجَ غَيْرُ زَيْدٍ « il n'est sorti que Zéide; » مَا ضَرَبْتُ غَيْرَ زَيْدٍ, « je n'ai frappé que Zéide; » مَا خَرَجَ انْسَانٌ غَيْرُ زَيْدٍ et غَيْرَ زَيْدٍ, « personne n'est sorti que Zéide, » etc. Remarquez que par ce mot غَيْرٌ on a l'habitude d'exprimer nos composés par *in;* ex. غَيْرُ مُكَمَّلٍ, « imparfait; » غَيْرُ مُكَمَّلَةٍ, « imparfaite. »

[1] Exprimé ou sous-entendu.

FIN DE LA GRAMMAIRE ARABE.

NOTE A.

Malgré l'apparente pauvreté de leur conjugaison, les Arabes parviennent cependant à rendre les différentes nuances de chaque mode à l'aide du verbe auxiliaire كَانَ, « il a été ; » يَكُونُ, « il sera. » Ainsi, pour rendre l'imparfait, ils emploient le futur précédé du prétérit du verbe auxiliaire : كَانَ يَنْصُرُ, « il a été il aide, » c'est-à-dire, « il aidait ; » le plus-que-parfait se rend par le prétérit précédé du prétérit كَانَ : كَانَ نَصَرَ, « il a été il a aidé, » c'est-à-dire, « il avait aidé ; » enfin, le prétérit précédé du futur يَكُونُ sert à exprimer le futur antérieur : يَكُونُ نَصَرَ, « il sera il a aidé, » c'est-à-dire, « il aura aidé. » Les mêmes moyens, joints à l'emploi des particules qui servent à la formation du subjonctif et de l'optatif, permettent de rendre les diverses nuances de ces deux derniers modes.

Dans le langage vulgaire, on use rarement de ces moyens, et l'on se borne à l'emploi des modes primitifs.

SUPPLÉMENT

A LA GRAMMAIRE ARABE D'ERPÉNIUS,[1]

INDIQUANT LES DIFFÉRENCES PRINCIPALES ENTRE LE LANGAGE LITTÉRAL ET LE LANGAGE VULGAIRE.

Le langage parlé, à l'exception des expressions locales qui varient d'un pays à l'autre, et qui sont du ressort non d'une grammaire, mais de dictionnaires adaptés à chaque idiome particulier, ne diffère guère du langage des livres que par l'inobservation d'une partie des règles grammaticales.

Nous aurons peu de chose à dire de la prononciation, qui, comme nous l'avons déjà fait observer, ne peut être apprise que par l'usage et sur les lieux; nous nous bornerons aux indications suivantes :

1° ت se prononce, en Barbarie, tantôt comme notre *t*, tantôt comme *ts;* et ces deux prononciations se trouvent souvent réunies dans le même mot.

2° ث se prononce généralement comme *t*.

3° ذ se prononce presque toujours comme د, c'est-à-dire comme notre *d*.

[1] Nous emploierons dans ce supplément l'alphabet usité en Barbarie, dans lequel le ق ne prend qu'un point, le ف l'ayant en-dessous.

4° ظ se prononce comme ض, c'est-à-dire presque comme *d*, mais avec un peu d'emphase.

5° ق se prononce assez généralement comme notre *g* dur.

La prononciation des voyelles brèves est tellement brève, que le plus souvent on n'entend qu'un son vague dont il serait très-difficile de préciser la valeur, et qui, dans bien des cas, serait représenté par notre *e* muet peu appuyé. Dans le cas où on appuie assez pour que la nature du son puisse être appréciée, *fatha* a tantôt le son de *a*, tantôt celui de *e*, soit ouvert, soit fermé; *kesra* le plus souvent celui de *e*, rarement celui de *i*; *damma* tantôt celui de *o*, tantôt celui de *ou*, tantôt enfin un son sourd participant à la fois de *a* et de *o*. Nous verrons plus loin quelle est sur les verbes l'influence de cette manière de prononcer.

Une différence générale qui s'applique à tous les mots, sauf un extrêmement petit nombre, tels que أَنْتَ *entsa* ou أَنْتِ *entsi*, « toi, » هُوَ *houeu*, « lui, » هِيَ *hya*, « elle, » l'affixe هُ que l'on prononce *ou*, c'est que jamais le vulgaire ne prononce ni n'écrit, lors même que, ce qui est très-rare, il écrit les autres voyelles, celles qui, simples ou doublées, devraient être marquées sur la dernière lettre; partant, point de cas dans les noms; exemples :

كِتَاب *kitâb*, « livre, » pour كِتَابٌ, كِتَابٍ et كِتَابًا; كَتَب *keteb* ou *k'teb*, « il a écrit, » pour كَتَبَ; كَتَبْت

k'tebts, « j'ai ou tu as écrit, » pour كَتَبْتُ et كَتَبْتَ ; أَلرَّجَل *erradjel*, « l'homme, » pour أَلرَّجُل , أَلرَّجَلِ et أَلرَّجَلَ [1].

Il résulte de là, et des différences que nous signalerons plus loin dans les verbes, que la syntaxe se réduit pour ainsi dire à rien.

Dans les noms, en y comprenant les participes, le duel est pour ainsi dire inconnu, et n'a lieu que pour un petit nombre de substantifs : il se remplace par le pluriel.

Dans ces duels, ainsi que dans les pluriels masculins réguliers, on ne se sert jamais du nominatif, mais toujours du génitif; ainsi l'on dit et l'on écrit : يومين *youmîn*, « deux jours; » اثنين *etsnîn* ou *etnîn*, « deux; عطّارين *attarîn*, « parfumeurs; » ناصرين *nâsserîn*, « aidant; » عشرين *ochrîn*, « vingt; » et non يَوْمَانِ , إِثْنَانِ , عَطَّارُونَ , نَاصِرُونَ , عِشْرُونَ. De plus, la suppression du ن par apocope n'y a généralement pas lieu, si ce n'est par l'influence des affixes; cependant elle a lieu dans tous les cas pour le mot بَنُونَ , « fils, enfants; » et l'on dit بنى مناصر *benî Menâsser*, « les fils de Ménasser. »

Souvent dans les adjectifs le pluriel masculin s'emploie pour les deux genres.

[1] On voit ici, dans رَجَل pour رَجُل , un exemple d'un changement de voyelle qui est très-fréquent, et qui tient sans doute tant à la manière confuse dont sont, en général, prononcées les voyelles, qu'à l'usage où sont les Arabes de ne pas les écrire, usage par suite duquel la prononciation de beaucoup de mots a dû s'altérer.

Dans les verbes, les duels ainsi que les féminins pluriels ne sont pas usités; les autres personnes, sauf la suppression de la voyelle finale, sont, au prétérit, semblables à l'arabe littéral, à l'exception de la deuxième personne du pluriel, qui se termine en تُوا, et de la deuxième du féminin singulier, qui, pour être distinguée du masculin, remplace le *kesra* final par un ى. Le futur est le futur apocopé des livres; seulement, en Barbarie, l'usage a prévalu d'employer la première personne du pluriel pour le singulier, et d'y ajouter, pour former le pluriel, la terminaison وُا ; les futurs antithétique et paragogique sont inusités. L'impératif est celui des livres. Le tableau de la conjugaison sera donc le suivant :

PRÉTÉRIT

SINGULIER.

كتبت *com.*	كتبت *masc.*	كتب *masc.*	Il a écrit.
K'tebts.	*K'tebts.*	*K'teb.*	
	كتبتى *fém.*	كتبت *fém.*	
	K'tebti.	*K'tebet.*	

PLURIEL.

كتبنا *com.*	كتبتوا *com.*	كتبوا *com.*
K'tebna.	*K'tebtoû.*	*K'tebou.*

FUTUR.

SINGULIER.

نكتب *com.*	تكتب *masc.*	يكتب *masc.*	Il écrira.
Nekteb.	*Tekteb.*	*Yekteb.*	
	تكتبى *fém.*	تكتب *fém.*	
	Tektebi.	*Tekteb.*	

PLURIEL.

نكتبوا *com.*	تكتبوا *com.*	يكتبوا *com.*	Ils écriront.
Nekteboû.	*Tekteboû.*	*Yekteboû.*	

IMPÉRATIF.

PLURIEL.	SINGULIER.	
اكتبوا *com.*	اكتب *masc.*	Écris.
Ekteboû.	*Ekteb.*	
	اكتبى *fém.*	
	Ektebi.	

PARTICIPE.

PLURIEL.	SINGULIER.	
كاتبين *masc.*	كاتب *masc.*	Écrivant.
Kâtebîn.	*Kâteb.*	
كاتبات *fém.*	كاتبة *fém.*	
Kâtebât.	*Kâteba.*	

La plupart des verbes prononcent ainsi toutes leurs voyelles en *e*, quelques-uns en prononcent une partie en *a*, enfin quelques verbes ont leur futur, et par suite leur impératif, en *o*. Exemples :

علم *àlem*, يعلم *yàlem*, اعلم *àlem*, « savoir; » دخل *dakhal*, يدخل *yedkhol*, ادخل *odkhol*, « entrer; » خرج *kharedj*, يخرج *yekhrodj*, اخرج *okhrodj*, « sortir[1]; » ضرب *ddarab*, يضرب *yeddrob*, اضرب *oddrob*, « frapper. »

Dans l'arabe littéral, on dirait *ddaraba*, *yeddribo*, *iddrib*, nouvel exemple des changements de voyelles qui

[1] On entend souvent dire *yekhordj*, *okhordj*, à cause de la difficulté de l'autre prononciation.

ont lieu dans le passage de l'arabe littéral à l'arabe vulgaire, et dont nous avons déjà parlé. Il en est de même pour l'impératif اعلم, en littéral إِعْلَمْ, qui devrait vulgairement se prononcer *ìlam*, *ìlem*, ou tout au moins *èlem*, et qu'on prononce *àlem*, et aussi pour une foule d'autres verbes.

Le passif ne différant de l'actif que par le changement des voyelles, l'observation que nous avons faite en commençant sur la prononciation des voyelles montre qu'il serait presque impossible, dans le langage parlé, de distinguer ces deux modes; aussi les passifs, à l'exception toutefois des participes, sont-ils inusités.

Dans les verbes sourds, on écrit et l'on prononce ordinairement un ى après la radicale double aux premières et deuxièmes personnes du prétérit. Exemples : مدّيت *maddîts*, « j'ai entendu, » مدّينا *maddîna*, au lieu de مَدَدْنَا - مَدَدْتُ.

Les verbes dont la première radicale est *hamza* se transforment d'ordinaire, au prétérit, en verbes défectueux en ى, et l'on dit خذى *kheda*, « il a pris, » خذيت *khedîts*, etc. au lieu de أَخَذْتُ - أَخَذَ, etc.

Les verbes défectueux en و sont rarement employés; on les conjugue ordinairement comme s'ils étaient défectueux en ى, et l'on dit غزى *graza*, يغزى *yegrzî*, اغزى *egrzî*, « attaquer, » au lieu de أُغْزُ - يَغْزُو - غَزَا. Ainsi qu'on le voit ici, on a l'habitude d'écrire la dernière radicale dans les cas où, suivant les règles, elle devrait disparaître : ارمى *ermî*, « jette, » au lieu de إِرْمِ; au participe actif رامي *râmî*, la suppression habituelle de la nunnation la fait naturellement reparaître. On fait quelquefois une chose analogue dans les verbes concaves, قول *qoûl*, « dis, » au lieu de قُلْ.

Les verbes défectueux qui, en arabe littéral, auraient *kesra* au prétérit, prennent *fatha* en arabe vulgaire; et l'on dit رضى *r'dda*, « il a consenti, » يرضى *yerdda*, et non رضى.

Nous ajouterons que les onzième, douzième et treizième conjugaisons des verbes trilittères ne sont pas usitées, et que les troisième, quatrième et neuvième le sont peu; que les verbes quadrilittères sont rares, et qu'on n'emploie jamais leurs dérivés.

Telles sont les seules différences entre l'arabe littéral et l'arabe parlé que l'on puisse signaler dans une grammaire; les autres ne peuvent être apprises que par l'usage et au moyen de dictionnaires rédigés pour chaque localité. Ce sont, par exemple, des expressions usitées dans les livres, tels que le Coran qui est la base de l'arabe savant, et inusitées dans le langage ordinaire, ou employées dans un sens plus ou moins détourné, ou même tout à fait différent, comme صاب *ssâb*, يصيب *yessîb*, qui en arabe littéral signifie « atteindre le but, *en parlant d'un projectile*, » et que le vulgaire emploie pour « trouver; » جاب *djâb*, يجيب *yedjîb*, dans les livres « couper, traverser, » dans le langage « apporter; » نجّم *neddjem*, « faire en ordre et temps convenables, » vulgairement « pouvoir; » شاب *châf*, يشوب *yechoûf*, « polir, rendre brillant, » vulgairement « voir; [1] » بالتراب *bezzeûf*, littéralement « avec diligence », que l'on emploie pour كثيرًا « beaucoup; » d'autres qui, inconnues dans les livres, n'ont cours que dans telle ou telle province, où elles sont employées de préférence au terme correspondant dans les livres, comme زمالة *z'mâla*, « réunion des cavaliers (et leurs familles) formant la garde d'un chef, ceux qui campent autour de lui, » mot qu'on peut faire dériver du verbe زَمَّلَ, qui, à la deuxième forme, signifie « envelopper une chose dans une autre; » ou encore des corruptions, comme اش *ache*, « quoi, » pour أَيُّ شَيْءٍ « quelle chose; » ذروق *drouoq*, « maintenant, » pour هٰذَا ٱلْوَقْتَ, « en ce moment; » ce sont enfin des idiotismes, ou locutions particulières à certains pays, tels que ما ذا بى *ma da bya*, « combien cela en moi! » qui s'emploie dans le sens de مُرَادِى, « mon désir *est*, » أَشْتَهِى « je désire, » etc. etc. L'immense variété de langage qui résulte de ces différences locales, jointe à la différence de prononciation, est, indépendamment de l'effort de mémoire nécessaire pour s'approprier tous les mots d'une langue qui n'a presque rien de commun avec nos langues d'Europe, la principale cause des difficultés qu'offre l'étude de l'arabe vulgaire aux personnes qui,

[1] توفّى *toueffa*, « recevoir, retirer à soi, » vulgairement « mourir, » pourrait être rangé dans cette catégorie, s'il ne paraissait plus naturel de le considérer comme une prononciation vicieuse du passif تُوُفِّىَ qui, en arabe littéral, signifie effectivement « mourir, » par figure, le sens propre étant « être reçu *dans le sein de Dieu*. »

9

appelées à voyager, ont besoin de se faire comprendre partout, et elle tient au peu de littérature des Arabes modernes et au peu de relations entre les divers pays où la langue arabe est parlée. Il est même probable que, sans le respect religieux des musulmans pour le Coran, qu'il leur est défendu de traduire dans une autre langue, et d'altérer en quoi que ce soit, et qui, par conséquent, ramène toujours l'arabe à une sorte d'unité en empêchant les trop grands écarts, la corruption successive du langage, dans tant de pays isolés en quelque sorte les uns des autres, eût donné naissance à un certain nombre de langues différant chacune, mais dans des sens variés, de la langue mère, autant que le français d'aujourd'hui diffère de celui que parlaient nos pères, et qui est presque inintelligible pour nous.

FIN DU SUPPLÉMENT.

TABLE DES MATIÈRES.

LIVRE PREMIER. — DES ÉLÉMENTS DE LA LANGUE ARABE.

Consonnes. . . . . Page 1
Voyelles. 6
Autres signes orthographiques 7
Ponctuation. 12
Règles de permutation des lettres ا و ى 13

LIVRE SECOND. — DU VERBE.

Du verbe en général. 20
Première conjugaison du verbe trilittère. 25
De l'apocope 28
De l'antithèse. 30
De la paragoge. 31
Verbe quadrilittère et conjugaisons dérivées de la première classe du verbe trilittère 36
Conjugaisons dérivées des deuxième et troisième classes du verbe trilittère et du verbe quadrilittère 38
Verbe imparfait. — Verbe sourd 41
Verbe hamzé. 46
Verbe quiescent. — Verbe assimilé 48
Verbe concave. 49
Verbe défectueux. 61
Verbe doublement imparfait. 71

LIVRE TROISIÈME. — DU NOM.

Du nom, considéré sous le rapport de la qualité 74
Du nom, considéré sous le rapport de l'espèce. 75
Nom de l'agent. . . . . *ibid.*
Nom du lieu et du temps. . . . . *ibid.*
Nom de l'instrument. 77

Nom de l'action........................ Page 77
Nom possessif........................ 78
Nom diminutif........................ 79
Nom local........................ *ibid.*
Du nom, considéré sous le rapport de la forme...... 80
Du genre des noms........................ 81
Du nombre dans les noms........................ 84
Duel........................ *ibid.*
Pluriel régulier........................ 85
Pluriel irrégulier........................ 86
Du cas........................ 91
Noms triptotes........................ *ibid.*
Noms diptotes........................ 92
Noms invariables........................ *ibid.*
De l'apocope........................ 95
De la permutation........................ 97
Du vocatif........................ 98
Des degrés de comparaison........................ 99
Noms de nombre........................ *ibid.*
Du pronom........................ 103
Pronoms personnels........................ *ibid.*
Pronoms démonstratifs........................ 104
Pronoms relatifs........................ *ibid.*
Pronoms affixes........................ *ibid.*
Pronoms réciproques........................ 108

LIVRE QUATRIÈME. — DES PARTICULES.

Particules préfixes........................ 109
Particules séparées........................ 112

LIVRE CINQUIÈME. — DE LA SYNTAXE.

Syntaxe des noms........................ 113
Syntaxe des verbes........................ 116
Syntaxe des particules........................ 119

SUPPLÉMENT........................ 122

www.ingramcontent.com/pod-product-compliance
Ingram Content Group UK Ltd.
Pitfield, Milton Keynes, MK11 3LW, UK
UKHW022110190726
13855UKWH00002B/766

9 782013 050210